建築防水の研究が
教えてくれたこと

田中　享二

ま え が き

　私は人生のかなりの時間を大学で過ごしてきました。北海道大学では学生として、東京工業大学では教員としてです。ですから活動は主に大学という狭い範囲に限られていました。そして現役時代は私も人並みに忙しくて、日々研究と教育以外にも外部の仕事もあり、それらをこなすのに目いっぱいでした。ただ1991年の大学退職後は、ありがたいことに日本防水協会が事務所の一角に、私のデスクを準備してくださり、ややゆったりとしたペースで仕事ができるようになりました。今あらためてこれまでの生活を振り返ると、研究が私に教えてくれたことが、たくさんあることに気づきました。

　もちろん研究はうまくいったものと、思うように行かなかったものがあります。そして失敗し、挫折したものの数の方が圧倒的に多いです。ですから失敗が教えてくれたものはたくさんあります。むしろそちらの方が大事なのかもしれません。ただ失敗の話題は、終わりの話なのでまとまりがつきません。そのため本書では読み物風にするために、面白そうで一応終わりまで到達したと思われる話題だけを取り上げました。

　私の研究対象は建築の中でも、防水と呼ばれる小さな分野です。学生さんの研究指導という教育の現場では、当然私の提示する課題に満足しない学生さんもいます。そのような時は、学生さんの意向を聞きながら課題を探します。そうすると防水とは関係のなさそうな課題になることがあります。ただこれが意外と面白いのです。私にとってはレコードのB面的研究と言えるかもしれません。私の研究分野は大きくは建築技術研究ですので、防水とはいずれどこかでつながってきます。というような勝手な理由をつけてそれらも含めて、雑多ですが12の話題を取り上げました。

田中　享二

目　次

1 材料に寄り添い、材料の気持ちになる。
合成高分子防水層の耐候性研究が教えてくれたこと

▌ はじめに

　この研究の始まりからです。1968年の春、筆者が大学4年になり卒業研究を始めた時、この課題を指導教官の小池迪夫先生からいただきました。当時の防水の主流は何といってもアスファルトでした。アスファルト防水は、今は普通過ぎて誰も意識しませんが、実は防水技術史のなかで衝撃的な技術でした。それは、縄文から江戸時代までの勾配屋根一辺倒だった、わが国の屋根文化に平らな屋根という、それまで日本人の見たこともないような形態の屋根を付け加えたからです。

　アスファルト防水の最初の施工は明治38年の大阪瓦斯ビルとのことです。そしてその後はずっとアスファルトだけが防水材料である時代が続きました。ちなみに明治38年は我が国が日清、日露の戦争に勝ち、国際的に力を付け始めたころです。そしてアスファルトは時代の先端を行く材料でした。時は流れて戦後です。合成高分子化学工業が急速に発達し、今までにない新材料が次々と登場し、これらがアスファルト防水一辺倒であった防水の分野に入り込んできました。筆者が4年生になった頃はそのような時代でした。

　新しい材料というと聞こえはいいのですが、建築では実績がないということと同義です。確かに初期の物性はアスファルトを凌駕しています。ただそれがいつまで維持されるのか？初期の物性も大事ですが、建築では耐久性も大事です。しかも建築は非常に長い期間の使用です。この点が他の工業製品と根本的に違うところです。

▌屋外暴露試験のための試験体作り

　小池迪夫先生はそのことを懸念し、これら新参の防水材料がどの程度長持ちするのか調べる目的で、屋外暴露試験を計画されていました。そして卒研生として紛れ込んで来た私に、「合成高分子防水材料の耐候性」という課題を担当するようにと指示されたのです。私はりっぱな装置を使ってデータを取って、卒業論文を作るという夢を描いて選んだ研究室でしたが、担当した研究はひたすら試験体を作ることだけでした。先生はすでに当時マーケットに出始めていたほとんどの防水材をメーカーにお願いして取り寄せ、驚くほどの防水材料が実験室の一隅に山積みになっていました。結局試験体作成だけに卒業研究期間のほとんどを使い切りました。だから私の卒業論文は、普通の論文のような実験結果とか考察などというものは全くありません。ただ「試験体を作りました。終り。」です。がんばって文献調査でページ数を増やそうとしたが、やはり出来上がりは薄っぺらでお粗末なものでした。

　後年自身で研究室をもち、学生さんから「参考にしたいので先生の卒論を見せてください」と云われるたびに、恥ずかしい思いをさせられ続けました。今も大事にとってはありますが、書棚のできるだけ人目のつかないところにひっそりと潜ませています。言い訳がましいですが、**写真 1**は卒業研究

写真 1　試験体の屋外暴露試験
（前方建物にじゃまされているが、後方に北大ポプラ並木の一部が写っている。）

で作った試験体の、北海道大学建築学科棟屋上での暴露試験の状況です。これだけの試験体を作ったのですから、それだけでいっぱいいっぱいだったことを理解していただけると思います。

▌気象との関係を調べるための暴露試験

　その後筆者は大学院の修士課程を卒業して東京工業大学の助手となり、博士論文研究として、この課題を継続できることになりました。耐候性研究では気象と材料劣化の関係を定量的に論ずることが重要です。そのためには、材料を単に外気にさらしただけという暴露試験だけでは不十分で、気象環境と対になるデータ採取が必要となります。そのため次にそのことを意図した暴露試験を計画し、筑波の建築研究所の試験場の一角をお借りして、屋外暴露試験を実施しました。当時一緒に頑張ってくれたのは、日置茂さん、宗像安則さん、黒田泰博さん、小田慎一さん等のスポーツ好きのメンバーでした。この時の暴露試験状況を写真2に示します。そしてこからは気温や防水層温度も並行して測定し始めました。そのため毎月記録紙の交換のため暴露試験場通いがはじまりました。（その後の暴露試験ではさらに紫外線量測定も加わりました。）そしてこれら取得したデータは計算機で計算させるため、15分きざみでパンチングカードに削孔しました。

写真2　防水材料温度データを取りながらの屋外暴露試験状況
（右下の白い箱に記録計一式が入っている。）

8

▍データの整理は大変

　今の若い方には想像もできないと思いますが、当時の電算機利用には、プログラムもデータもパンチングマシーンで穴をあけたカードを自分で作り、計算センターに持ち込み、計算をお願いするという方式でした。

　データ採取は自動ですが、これをカードにパンチングするのは人力です。15分刻みでデータを取りましたので、1日分というと96個のデータとなります。それを暴露している防水材料の種類ごとに作らなければならないのですから、それだけで小一時間位の仕事となります。当初は何も考えずに、ある程度貯まった頃にカード化すればいいやと考えていました。ところがこれを貯めると大変になることに気付きました。1ヶ月分のカードづくりには何日もパンチング作業をしなければならないのです。当時の計算センター専任のパンチャーの方の職業病に、手首に炎症を起こす腱鞘炎がありましたが、筆者も2ヶ月くらいぶっ通しでパンチング作業をし、とうとう腱鞘炎になってしまいました。実は今も当時の後遺症があり、ひどく痛むということはないのですが手首を十分に曲げられないのはその時の名残です。

　データを貯めると大変なことになることを、身をもって体験しましたので、その後の屋外暴露試験では前日分のデータを翌日に必ず整理するように心がけました。1日分だけだと小一時間で終わるので、手首への負担が少なくなる。ということで毎日、気象と材料のデータ化を自らに課しました。きわめて単調な作業ですが、繰り返しているうちに、前日の天気はまだ覚えているので、材料がどのような状況にあったかが手に取るようにわかるようになりました。

■ 材料劣化の定量的に表す

　また並行して化学反応速度論を勉強し、劣化を定量的に表現するために(1)式のような劣化式を導出しておきました。

$$1/(n-1)\,[1/y^{n-1} - 1/y_0^{n-1}] = A\exp(-Bh/T)\,t \cdots\cdots (1)$$
（n=1 の場合は左辺が $\ln(y_0/y)$ となる。）

　ここに　　y：材料の物理量（私の研究では材料の伸び率を物理量としてあります。）
　　　　　　y_0：物理量の初期値
　　　　　　A, Bh：熱劣化試験より求められる係数
　　　　　　n：熱劣化試験より求められる見かけの反応次数
　　　　　　T：材料温度、K
　　　　　　t：時間、hr

　式を見ればわかるように、入力データは材料温度 T と時間 t です。だから前日のデータを入力すれば前日分の劣化を計算できます。毎日この作業をつづけているうちに、天気を見ればどの程度材料が劣化してゆくのかが、ある程度予測できるようになりました。夏の暑い日は人間もつらいが、材料もつらく劣化が一気に進みます。そして曇りや雨の日はほっと一息つくことができるのです。

　暴露試験を経験した人なら理解できると思いますが、作業は孤独です。広い暴露場には自分と材料しかいません。材料に愛おしい気持ちを持つようになるのも当然です。材料の気持ちがわかるようになると、茫漠としていた研究の結論も自然と見えはじめました。そして研究は一気に完成へと向い、何とか論文をまとめあげることができました。論文を提出し学位を東京工業大学からいただいたのは、1981 年 8 月です。卒論の試験体作成から都合 13 年間の防水材料との友情の証でした。

▌ 最近の暑さは劣化にどのような影響を及ぼしているか

　ここからは続編です。1981年に研究は落着しました。自分としてはまあ満足でしたが、この研究が何かの役に立ったか問われると、残念ながら社会では全く使われませんでした。当時はこんなに一生懸命にやったのにと不満に思いましたが、今にして思えば理由がよくわかります。

　見かけは大層立派な式ですが、これを使おうとすると材料ごとに、見かけの反応次数 n、材料係数 A と Bh と三つの係数を求めなければなりません。しかもそれを求めるためには、かなり時間をかけて数段階の温度での熱劣化試験を行わなければならないのです。研究に夢中になっていたころは前に進むだけで、周りを見る余裕がありませんでした。本当に若気の至りです。ということでこの研究の成果も、私の卒論同様書棚の片隅に追いやられていました。

　ところで昨年2022年の夏も暑かったですが、2018年もけた外れに暑かった年でした。実際、図1に示す気象庁データでも気温が右肩上がりで上昇しています。そして個人的には、年々暑さが体にこたえるようになってきています。年のせいかと思い、他のひとにも聞くと皆同じように感じているとのことです。ということは防水材料も苦しい思いをしているのではないか。そして筆者が研究に熱中していた1970年代に比べて、状況はもっと過酷化しているのではないか。なんとかこれを定量的に比べられないだろうか。

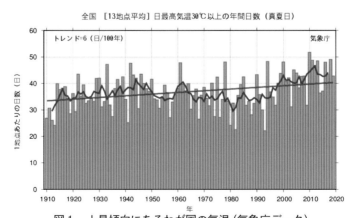

図1　上昇傾向にあるわが国の気温（気象庁データ）

https://www.data.jma.go.jp/cpdinfo/extreme/extreme_p.html

そしてその時、書棚の片隅に押しやっていた劣化式のことを思い出しました。これを利用すれば当時と比べることができるはずだ。そう考えて早速計算をしてみました。（計算手順は**文献1**による。）ここからは理屈っぽい少し込み入った話になるので、時間のない方は読むのを飛ばしてください。

▌気温と劣化の比較

まずは気温の比較です。図2は気象庁データによる日最高気温の1974～77年と2018年～20年の夏期（6月から9月までの4ヶ月間）の温度別積算日数です。最高気温に着目するのは、有機材料の劣化は高温域で急速に早まるからです。そして出現頻度は明らかに高温側にシフトしています。ちなみに夏期4ヶ月間の最高気温の平均値を計算してみると、1974年からの3年間では27.7℃であったのが、2018年からの3年間では29.3℃と1.6℃も上昇していました。

最近
2018-2020

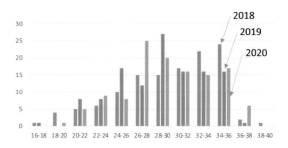

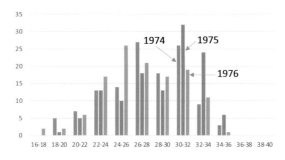
34年前
1974-1976

図2　夏期（6月～9月）の日最高温度の頻度（気象庁の気象データを整理）

博士論文では劣化を定量的に評価することに合わせて、天候に応じて変わる温度環境を、年間を通しての一定温度で表現できれば、理解しやすいのではないかと考えて、「相当環境温度」[2]という指標を作りました。わかりやすく言うと、年間を通して防水材料の温度は絶えず変動しており、夏の暑い時は断熱防水ならば80℃を超え、冬には放射冷却により -10℃を下回ることもあり、このように変動する温度で防水材料は劣化しますが、これを同等の劣化とする仮想の一定温度のことです。

　具体的に断熱防水上に置かれた黒色ゴムシートを例として説明すると、このシートの劣化式は、先ほどの実験をもとに具体的に係数を求めると(2)式で表すことができます。

$$1/6\left[\left(1/y^6\right)-1\right] = 28.8 \exp\left(-12393.3/T\right) t \quad \cdots\cdots\cdots (2)$$

　つくばで1974年から1977年までの3年間暴露した状態では、当時の材料温度を入力して求めた相当環境温度は36.7℃でした。これはこの期間の3年間の劣化は、一定温度でずっと行うとすると、36.7℃に3年間保持していた時の劣化と等価ということを意味します。

　残念ながらここ3年間の材料温度データを持っていないので、相当温度が1.6℃上昇したと仮定して計算してみました。(これは先ほどの図2で、平均最高温度データが1.6℃上昇していることを根拠に仮定したものです。)

　読むのを途中で飛ばしたひとは、この辺から戻ってきてください。結果は「1974年からの3年間の劣化は、2018年から3年間の気象では2.44年に短縮化されている。」でした。最近の高温化は防水材料の寿命を明らかに短くしています。計算を終えた時は、あまりの結果にしばし茫然とさせられました。本当かと自分を疑い再度計算してみたが、答えは同じでした。

▌材料に寄り添い、材料の気持ちになる。

　40年間書棚の片隅で埃を被っていた若い頃の仕事が、このような形で再登場するとは思ってもみませんでした。ゾンビが再び現れて来たような気もしますが、一方で防水材料の旧友に再会した気分もします。防水材料は建物の外皮を構成する材料として、建物の最前線で気象と戦い、体を張って我々の生活を守ってくれています。そして彼らも最近の気象の過激化に苦しんでいます。すっかり防水材料の気分となり、またまた同情させられたのでした。なお昨年、2022年は、2018年よりもっと暑かったような気がします。でも恐ろしくて、まだ計算していません。

これに関して発表した論文

1）田中享二、古澤洋祐：近年の気温上昇傾向が合成高分子防水材料の熱劣化評価に及ぼす影響：日本建築学会学術講演梗概集（北陸）pp.1013-1014, 2019

2）小池迪夫、田中享二：合成高分子防水層の耐候性（その3）、化学反応速度論的手法による防水用高分子材料の熱劣化の検討；日本建築学会論文報告集、第255号、pp.9-16、1977

3）小池迪夫、田中享二、日置滋：合成高分子防水層の耐候性－その4・屋外暴露による熱の影響の評価；日本建築学会論文集、第263号、pp.11-19、1978

2 見える化は現象理解の最高の手段
コンクリートの細孔構造研究が教えてくれたこと

■ はじめに

　学生時代のことですが、大学の教養課程から建築学科に移行した時、仲間同士で建築を専攻した理由について語り合ったことがあります。(私の卒業した大学では最初は理系という大括りで一般教養の教育を受け、2年生の半ばで希望と成績に応じて自分の専攻したい学科に移行するというシステムでした。)聞いてみると私のように何となく専攻してしまったという人以外にも、電気が苦手だからという人も何人かいました。理由は単純で、電気は目に見えないからというのです。そして私もその感覚をよく理解できました。講義で回路図を見せられ、電気がこう流れていると説明されても実感がわかないのです。電気の流れが直接目に見えないからです。

　大学教員時代は実験のため試験装置を作ることが多くありました。そして多くの装置では動作や温度の制御が必要でした。周りに製作の実務を教えてくれるひとがいなかったので、秋葉原電気街に行っては店員さんに直接教わりながら、部品を買い求めついでに制御回路も教えてもらったりして、後は自力で組み立てました。結果はというと、必ずどこかにミスがあり一回で思うように成功したことはありませんでした。一度は動力用の200V電源が漏電していたらしく、感電したこともあります。100Vならばビリビリで済みますが、200Vはビシッと来るので結構堪えます。その時ほど電気が目に見えないことを恨んだことはありません。

　その点建築はわかりやすい、というより目に見えることを前提にすべてが作られています。頭にイメージしたことを他人に伝達する方法は図面ですが、電気回路図に比べるとはるかに具体的です。それが証拠に図面には

縮尺が記載されていて、それを単純に拡大すれば原理的に実スケールの建築物になります。そして寸法通りに材料を切って組み立てれば、本物の建物は出来上がるのです。

▌ 防水研究でもコンクリートの知識は大事

実はこれと似たことを研究の分野でも経験したことがあります。私の研究室の課題は防水を中心としたものが多かったのですが、防水研究を進めるうちに、防水層単体の話では研究の完結しない場面に遭遇することが多くなりました。建築部材としての防水層は厚さが数ミリ程度の薄い膜状の材料であり、これをコンクリート下地の上にかぶせるようにして使われます。ですから防水層の出来栄えは下地の影響を受けます。例えば防水層のふくれです。コンクリートにはこっそり水分が隠れており、それが過剰だと日中日射を受け膨張し、防水層を押し上げるのです。当時はこの問題に悩まされており、ふくれの発生機構に関しての説明が求められていました。それにはふくれを作り出す相方のコンクリート部分の研究も必要です。このような事情から、その後は研究室の勢力の半分以上を、コンクリートの物性研究に注ぎ込むことになったのです。

▌ コンクリートの細孔構造

ここからは少し話が専門的になり恐縮ですが、コンクリートの細かな話に付き合ってください。固まった後のコンクリートの性質は、基本的にはコンクリートの細孔構造に依存します。特にセメントペース部分の細孔構造に依存します。コンクリートの外見は石のように密実に見えますが、実は空隙がたくさんあります。ただ空隙といっても微細で、多くは数 μm あるいは数 nm レベルのものであるため、裸眼では簡単にその存在は認識できません。そして細孔構造では空隙のサイズと量が重要です。これがコンクリートの強度を支配するし、乾燥収縮も支配します。防水層のふくれに関してはコンクリートの透気・透水といった物性が関連しますが、もちろんこれ

にも関与します。だから一般にコンクリートの物性研究者は、この細孔構造に関心をもちます。

　1960年代の終わり頃、これを測定する画期的装置が我が国にもたらされました。水銀圧入ポロシメータという装置です。これはコンクリートを真空状態にして内部の水分を除去し、空隙に高圧で水銀を押し込むことにより、細孔状態を調べるものです。圧力を高めれば、より小さな細孔にまで水銀を押し込むことができるので、圧力ごとに押し込んだ水銀量を測定することにより、細孔の径と容積の分布を求めることができるのです。

　この装置のおかげで、コンクリートの物性研究は大いに進みました。そして遅ればせながら私の研究室でも購入し、コンクリートの透水・透気研究に利用しました。一般に細孔径が大きく、その量が増えると透気・透水性は大きくなりますが、これを定量的に知ることができるのです。当然空隙の多いコンクリートでは隠れ水の量が多くなり、結果として防水層はふくれやすくなります。ということでこの装置は防水層のふくれ研究に大活躍でした。

　それはそれでよかったのですが、得られる細孔構造のデータにはなんとなく象を外側から撫ぜるような感じが残っていました。確かに細孔径ごとに積算された細孔量のデータは取れているのですが、コンクリートの中でそれがどのような形で、どのように分布し、繋がっているかまでは分からないのです。細孔がどのようになっているかを実際に見たい！

▐ 細孔構造の見える化への挑戦

　ところで細孔構造を見ようと思っても実は簡単ではありません。大方のひとはコンクリートを割って、顕微鏡で拡大すれば見えるだろうと思うに違いません。実は私もそう思っていました。そして実際に電子顕微鏡で、セメントモルタルの破面を見てみたのです。**写真1**に顕微鏡写真を示しますが、複雑な形のセメント水和物の凹凸が見えるだけで、細孔がどれなのかさっぱりわかりません。まるでウサギ孔に落ちた不思議の国のアリスと

写真1　セメントモルタルの電子顕微鏡写真 (倍率1000倍)

同じ状態です。これは困った。

　その時ふと思いついたのは、先ほどの水銀圧入ポロシメータです。この装置で細孔量測定を可能にしているのは、常温で液体状態である水銀を利用している点にあります。これを加圧すれば水銀が細孔に入り込みます。しかし測定が終わり圧力を下げると、押し込まれた水銀が再び外に出てしまいます。ですからこれを外に出てこないように固定化すればよいのではないかと思ったのです。ただ水銀の融点は -38.8℃と極めて低いです。さすがに装置全体を冷やすというわけにはゆきません。それならば普通に作業できる範囲で適当な融点をもつ材料はないだろうか。

　ここからは材料探しが始まりました。低融点はんだとか、思いつくまま探しまくったあげく、ガリウムという金属にたどり着きました。これは融点が 29.8℃です。ですから50℃位で液体状態にしてこれを細孔に圧入し、20℃位に冷やしてガリウムが細孔から出て来ないようにして、後でゆっくりとガリウムの分布状態を観察すればよいのではないか。この辺から当時大学院生だった胡桃沢清文君 (現在北海道大学准教授) との二人三脚が始ま

りました。彼は以前、コンクリートがご専門の故川瀬清孝先生のもとで勉強したことがあるので、細孔構造に強い興味をもってくれました。

　まずは高圧でガリウムを細孔に押しこむ装置が必要となります。幸いなことに私の所属していた研究所には建築以外の分野の先生もたくさんおられて、その中のおひとりが超高圧物理学を専門としており、超高圧装置を作るノウハウを持っていました。また研究所にはマシンショップが併置されており機械工作のプロもいて、なんとか装置を完成させることができました。なかに閉じ込めたガリウムの観察は、電子プローブマイクロアナライザー（EPMA）という物体表面の元素の面分析装置を必要としますが、これもやはり研究所内の他の先生がお持ちであり、それをお借りして観察が可能でした。

　図1が得られた画像です。これはセメントペースを試料とした時のものですが、試料にガリウムを押し込んで、EPMAで2次元画像を撮影したも

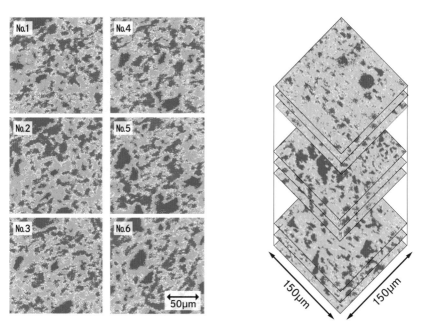

図1　セメントペースト空隙の可視化画像
（赤が空隙、青は全く空隙が存在しないことを示す。）

19

のです。この図の赤い部分はガリウム部分、すなわち空隙を表し、青の部分はペースト本体部分を表しています。それ以外の黄色や黄緑部分は、残念ながら現在のEPMAの分解能が1μmであるので、ガリウムとペースト本体とを完全に区分けすることができず、両者が混在して観察される部分です。これが現在のEPMAの分解能の限界です。もちろんもっと分解能に優れた装置が出現すれば、より詳細に識別できるはずです。

　次にこれを少しずつ（2μm程度）表層から研磨しながら多数の画像を撮影し、それらを重ね合わせて立体化します。画像は全データがパソコンに保存されているので、図2に示すように任意の面を取り出すことができます。そのため、赤の部分（ここは完全に空隙）を追跡すれば、細孔がどのように繋がっているのかがはっきりとわかります。あるものは裏面までつながっているし、あるものは途中で止まっています。繋がっている部分は優先して水や気体が通り抜けます。水セメント比が大きくなると、赤の部分が増え組織が粗っぽくなってきます。ですから水を過剰に加えたコンクリートは通り道が多く残り、水や気体を透過しやすくなることもよく理解できます。ということで防水の観点から下地コンクリートの透水・透気の背景が良く見えるようになりました。

図2　水セメント比60％、材齢7日の空隙構造

▌コンクリートのコールドジョイント部の細孔構造

　そして早速これを漏水の多発している部位に適用してみました。ここからは申英珠君との共同作業です。まずはコンクリートのコールドジョイントです。コールドジョイントとは、例えば壁の型枠にコンクリートを打ちこむ時、現場では一階の高さ分を一気に打ち込むのではなく、一般には2、3回にわけて打ち込まれます。一気に打ち込むと材料が分離する、あるいは混錬水が上昇してコンクリートの物性が上下方向で極端な差が出来てしまい、均質なコンクリート壁とならないからです。現場での実作業では、1台目の生コン車からコンクリートを受取り、半分くらいの高さまで打ちこんだ後、2台目の生コン車の到着を待ち、残りの半分のコンクリートを打ち込ます。

　ただその時間間隔が空きすぎると、先に打ち込んだコンクリートは凝結が始まっているので、次のコンクリートと一体化せず、**写真2**に見られるように境界線が残ります。これがコールドジョイントと呼ばれるものです。時々打ち放しコンクリート壁に斜めに走る筋を見ることがありますが、これがそうです。今度打ち放しの壁をみることがあったら気を付けて見てください。結構多く見られます。そしてここが水の通り道になります。よく考えてみたら当たり前です。凝結が始まろうとしているコンクリートの上

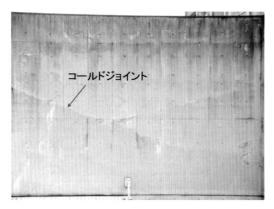

写真2　打ち放しコンクリート壁のコールドジョイント

に次のコンクリートが来て、さあ一体になりましょうと云われても、簡単に、はいそうですかというわけにはゆかないのです。

そして早速先ほどガリウム圧入法を用いて観察してみました。図3は生コン車の到着時間をイメージして、打ち継ぎ時間を少しずつ遅らせて打ち継いだモルタルでの実験結果です。これには低温施工時と高温施工時のデータも示されていますが、主に真ん中の標準的な温度20℃の列を見てく

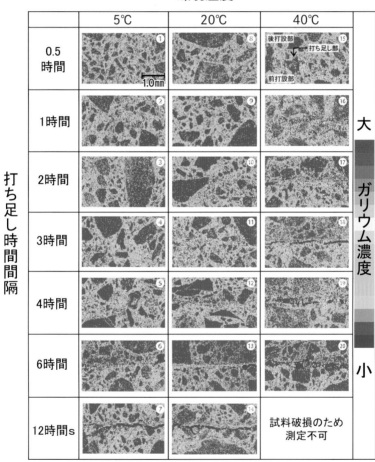

図3　コールドジョイント部の空隙
（赤が空隙、青は全く空隙が存在しないことを示す。）

ださい。2時間過ぎから赤の部分が少しずつ目立ち始めています。4時間で
はほぼ横一直線上に並んでいます。はっきりとした水の通り道です。とい
うことで打ち込み時間間隔が空きすぎると、防水上脆弱なラインができる
ということがよく分かりました。ついでに同図には高温時、低温時のデー
タも示してあります。当たり前ですが、高温になるとセメントの水和が早
くなるので、水の通り道の出来上がる時間が早くなります。そのため実務
では硬化を遅延させるための薬剤を加えて調整するのです。

　ちなみに標準仕様書類のコンクリート工事のところには、普通の温度域
では打ち継ぎ時間を2時間から2.5時間以内にしなさいと指示されています。
我々の結果でも、その範囲内ならば赤の部分がごくわずかに点在している
だけで、横にはつながっていません。上下はほぼ一体化しています。この
結果を見て打ち継ぎ時間の制限を定めた、当時のコンクリート技術者の判
断の的確さに改めて脱帽させられました。

■ コンクリートのセパレータ部の細孔構造

　次はコンクリートのセパレータ部の問題です。最初にセパレータを説明
します。私も学生時代に建築施工の講義でセパレータを習ったはずですが、
細かなことまでは覚えておらず、それを聞いた時、それ何？という感じだっ
たからです。

　これには鉄筋コンクリートの壁を思ってもらうとよいと思います。現場
の作業は荒っぽく見えますが、建築では厳密にミリ単位で壁厚はコントロー
ルされています。それが証拠にほとんどの設計図の寸法線は mm で書かれ
ています。当然壁も mm 単位で作られています。ベニヤで作られた型枠に、
しかも鉄筋が錯綜している中に、数メートルの高さから石ころの混ぜられ
たコンクリートを落とし込んで、よく精度を確保できるものといぶかしく思
うかもしれません。実はこれには種も仕掛けもあるのです。

　この種と仕掛けがセパレータなのです。写真3に示す丸いポツポツ部分
がセパレータの隠れているところです。これは型枠の間隔をコントロール

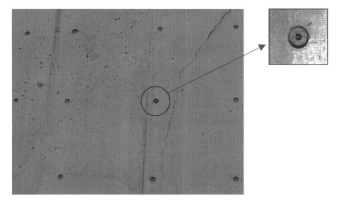

写真3　セパレータ（丸囲いのところにセパレータが隠れている。
右の写真は塞いであったモルタルを除いてセパレータを露出させたところ）

写真4　セパレータの設置

するために用いるためのもので、両端にネジの切られた棒が壁の型枠を
貫通して格子状に取り付けられています。間隔は結構細かくて、おおよそ
45cm から 60cm ピッチです。施工上大事な建築部品ですが、構造計算の対
象ではないので表舞台に出ることはありません。だから大学でさらっと習っ
た程度では、それが忘却のかなたに去っていたのも仕方がないのかもしれ
ません。

　施工中の壁部分を写真4に示しますが、まるで囲ったところがセパレー
タです。これが格子状に配置されているのが見えると思います。それが取
り付けられた後、手前側に内側の型枠を立て、ミリ単位で壁の厚さを調節

した後、コンクリートが打ち込まれます。だから寸法通りの壁が出来上がるのです。そしてこのセパレータですが、コンクリートの硬化した後どうなるかというと、実はそのまま埋め込まれてしまいます。だから実際の鉄筋コンクリート建物では、構造的には何の役割も持たされていないが、膨大な数の鉄の棒が壁部材を貫通しているのです。

そして防水的にみるとこのセパレータ周りが漏水危険部分となります。写真5はセパレータ周りから漏水です。ちなみにこれは大雨の時に、当時の私の実験室の壁で撮影したものです。雨が漏れ出ているだけでなく、長いことそのまま放っておかれていたので、周りにカビが生えてきて黒ずんできています。

実はセパレータ周りのコンクリートの状態に興味をもったのは、地下防水の研究を始めたためです。地下室の漏水箇所を調査すると、セパレータ周りという例が非常に多いのです。地下は地下水があり、地上部分とは異なり水圧も作用するので、防水の観点から見ると漏水危険度が非常に高い状態にあります。

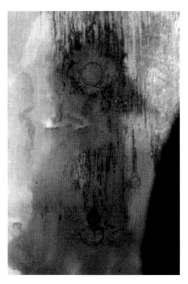

写真5　セパレータ部分からの雨水のにじみ出し
（周囲にかびが発生して黒くなっている。）

さてこの部分の空隙がどうなっているかです。これもガリウム圧入法を用いて観察してみました。試験体は実際の建物のコンクリート壁をイメージして、高さ 1.5m の型枠にセパレータを設置しコンクリートを打ち込み、硬化後セパレータ周りのコアを切り出し、ガリウムを圧入して観察しました。図4が結果です。写真の真ん中に大きな青い丸部分が見られますが、ここがセパレータです。そしてその周囲に沿って金環食のように色のついた輪が見られます。特にセパレータの下側に輪に太い赤い部分がはっきり見られますが、これが空隙部分です。これを見れば、セパレータの下側部分が主な水の通り道となっていることが実感できると思います。

　さらに細かいことですが、セパレータの取り付けられた位置も重要で、型枠の上の方のセパレータでは、下の方に設置されたものに比べて赤い部分が大きく、はっきりしています。型枠の上方になるほどブリージング水が多くなり、セパレータ下側に蓄積されるためです。また水セメント比を変えたコンクリートについても調べましたが、水量の多いコンクリートで

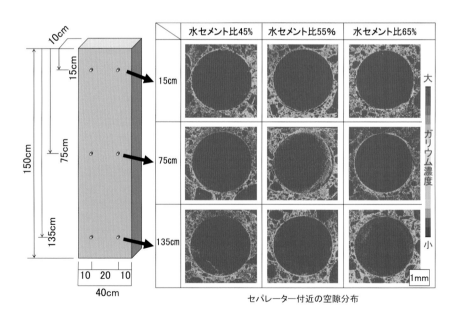

図4　セパレータ周りに生じている空隙

は赤部分が極端に多くなっています。まるで水路です。ですから過剰に水の加えられたコンクリート、いわゆる"しゃぶコン"が最悪であることも納得がゆくと思います。

■ 見える化は現象理解の最高の手段

このようなことで水の通り道を目に見える形で提示することができました。そして大学の授業や講演でコンクリートからの漏水の話をする時、これらの写真を使うと、「ああそういうことか」と心底納得してくれます。それまでは透水試験結果を示して説明しても、具体的イメージがわかないので、一応理解してくれたふりはしてくれますが、実感してくれていたかどうかは心配でした。ただこのような写真を見せると、本当によくわかってもらえるのです。やはり「見える化は現象理解の最高の手段」だと思います。

これに関して発表した論文

1. 田中享二、胡桃沢清文：セメント硬化体の細孔観察手法の開発；日本建築学会構造系論文報告集、第532号、pp. 21-26、2000
2. 胡桃沢清文、田中享二：硬化途中におけるセメントペーストの細孔構造の変化；日本建築学会構造系論文報告集、第544号、pp. 1-6、2001
3. 胡桃沢清文、田中享二：セメントペーストの空隙構造の3次元測定法の開発；日本建築学会構造系論文報告集、第556号、pp. 9-14、2002
4. 申 英珠、田中享二、宮内博之：施工時の温度・湿度環境がモルタルの打足し接続部の水密性に及ぼす影響；日本建築学会構造系論文報告集、第567号、pp. 13-18、2003
5. 申 英珠、田中享二、宮内博之：コンクリート壁体のセパレーター部の液体透過性と細孔構造；日本建築学会構造系論文報告集、第571号、pp. 1-6、

3 趣味の研究も悪くない。
草ぶき屋根の防水研究が教えてくれたこと

■ はじめに

　まずは私の自慢の草ぶき屋根写真コレクションの中から、いくつかを見てください。**写真1**は英国セルセルワーシ村で写したものです。この風景の中に赤いとんがり帽子の小人が出てきたら、もうメルヘンの世界です。**写真2**はポーラック村の草ぶき屋根です。棟に鳥が2羽止まっています。ここは海辺の村なので、最初はカモメかと思いました。でも全然動かないので、おかしいなと思い近づいてみると（**写真3**）、なんとワラ人形のカモメでした。この辺の草ぶき職人さんは、これは俺の作品だぞと示すために、仕事の最後に作るのだそうです。日本では草花を植えている例をいくつか見たことはありますが、ここでは何と鳥でした。

　これらは田舎の村の古い住宅でしたが、草ぶき屋根はニュータウンにもありました。**写真4**はロンドン郊外のミルトンキーンズという新しく作られた町です。その中に新築の建売住宅の草ぶき屋根がありました。日本では防火上まず認められませんが、この写真に小さく映っているご主人にお聞きしたところ、ここでは敷地が広ければOKとのことでした。英国では草ぶき屋根はかなり高価であると聞いていましたが、さすがに高いだけあって素敵でした。

　英国ばかり続きましたが、当然ほかの国にもあります。**写真5**は北海をはさんでお向かいの国、オランダの水郷の村ヒートホールンです。運河で有名な国だけあって、住宅が運河沿いに作られていました。小舟で散策したのですが、ボートののんびりした揺れと静かな景色がマッチして、何とも穏やかに気分に浸ることができました。

写真1　英国　セルワーシー

写真2　英国　ポーラック

写真2　英国　ポーラック

写真4　英国　ミルトンキーンズ

写真5　オランダ　ヒートホールン

もちろんアジアにもあります。**写真6**は韓国の河回村の草ぶき屋根です。丸みをおびた草ぶき屋根が農村地帯に散在しています。写真には写っていませんが、すぐ近くに洛東江という川がゆったりと流れており、穏やかな草ぶき屋根の形と調和して、しばし忙しい時間から解放されました。ちなみにこの村は2010年にユネスコ世界遺産として登録されました。

　現在草ぶき屋根は、材料の払底と茅葺き職人さん不足のために超高価な屋根になってしまっていますが、もともとは近所で材料を採取して作る身近で安価なものでした。だから豪華な屋根だけが草ぶき屋根ではありません。**写真7**はカンボジア、アラン村の草ぶき屋根です。屋根の軒の出が深く、暑い日差しを遮るように作られています。材料は近所で簡単に入手できるヤシの葉と麦わらです。屋根をそれほど重装備にする必要もないので自分で作ってしまった、とことでこのような屋根になっています。また建物全体が高床式になっているのは、雨季に川の水があふれて周りが水浸しになるからです。このお宅のテラスというかベランダというか、そよそよと風の走るこの場所で昼寝をしたら、何と気持ちの良いことかと羨ましく思いました。

◁写真6
　韓国　河回

写真7▷
カンボジア　アラン

次は遠くアフリカのマリ共和国の屋根です。マリはサハラ砂漠の南に位置する国です。雨の極端に少ない地域なのでフラットルーフしかないと思っていましたが、なんと草ぶき屋根もありました（写真8）。お邪魔したのはフラニ族一家のお宅です。フラニ族は放牧を生業としているので、3ヶ月程度で次の草地を求めて移動します。そのため現地で材料調達可能な短期滞在型の住居を作ります。形といいサイズといい、何となくモンゴルのゲルに似ている気がしませんか。写真にはお母さんと小さな子供しか写っていませんが、お父さんと年上の子は放牧に出ているとのことでした。

　いよいよ我が日本です。これは余計な説明はいらないと思います。かつては草ぶき屋根王国でした。今はかなり数が減少しているといえ、まだ草ぶき屋根は残されています。もしかしたらこれを読まれている方の近所にあるかもしれませんね。**写真9**は京都府、美山の草ぶき屋根です。ここを訪れた時は、昔TVで放映されていた「日本昔ばなし」の世界にいきなり紛れ込んだ気持がしました。なんともいえないなつかしさがあり、この番組のナレーターであった常田富士夫さんの独特の語り口、「むかし、むかし・・・」が聞こえるような気がします。

◁写真8
マリ共和国、モプティからトンプクトゥへ道すがら立ち寄ったので、正確な場所は不明

写真9▷
京都府　美山町

そしてわが国の代表選手は、何といっても 1995 年に世界遺産として登録された白川郷の草ぶき屋根です。**写真 10** に写真を示しますが、山あいの平地に三角形の草葺き屋根が美しく並んでいます。

　今度は北国です。私は札幌生まれで屋根といえばトタン葺きしか知りませんでしたが、北海道にもりっぱな草ぶき屋根がありました。**写真 11** はチセと呼ばれるアイヌの住宅です。我が国では草ぶき屋根の材料はほとんどが茅なので、茅ぶき屋根と呼ばれることが多いですが、実はいろいろな材料で葺かれています。ちなみにチセはアシで作られますが、地域によっては笹の葉で葺かれることもあります。

　北を紹介したので、反転して南国、沖縄です。亜熱帯地域は植生が豊かなので、当然草ぶき屋根はあるだろうと予想していました。ただ材料が何であるかまでは知りませんでした。そして見たのは、**写真 12** に示す琉球竹で葺かれた屋根でした。少々の台風にはびくともしなさそうな、いかにも頑強そうな屋根でした。

◁写真 10
白川郷

写真 11　北海道　白老町　アイヌ住宅

写真 12　沖縄

■ 草ぶき屋根研究は白川郷から始まった

　私の草ぶき屋根研究の始まりは、1983年の金沢での建築学会の帰り道に立ち寄った白川郷にあります。学会での発表が無事終わり、研究室の学生さんたちは思い思いに観光や小旅行に出かけてしまい、研究室ボスの小池迪夫先生と私だけが宿舎に取り残されました。後は東京に戻るだけです。「このまま東京に帰るのもつまらないので、バスで名古屋に出て新幹線で戻るという案はどうですか？このまま戻ってもどうせ車中でビールを飲むだけでしょう。せっかくだから、白川郷に一泊して旨い日本酒を飲みましょうよ」と、先生に言葉巧みに持ちかけました。「そうしようか」という先生の即答で、白川郷の茅葺屋根の民宿で、朴葉（ほうば）味噌を肴に飛騨の酒を飲むというぜいたくな時間を過ごすことができました。

　そしてその夜、寝ながら茅葺の屋根が、どうして雨が漏らないかが気になりはじめたのです。当時の研究室の主たる研究課題は防水でした。防水は屋根に雨合羽をかぶせて、建物内への雨水の浸入を防ぐというコンセプトです。ですから雨合羽は一滴も水を通さない材料で作られます。ところが茅葺屋根は、茅という棒状の材料が積層されているだけであり、隙間だらけです。しかし雨は室内までは漏れてこない。何とも不思議です。

■ 草ぶき屋根の防水実験

　ところで我どもの研究分野は建築学会の分類でいうと、材料施工と呼ばれる泥臭く地味なカテゴリーです。ですから建築設計を希望する学生さんは基本的には来ません。ただまれに設計希望だけれども将来のために、学生時代に材料の知識を身に着けた方がよいと考える、しっかりした考えの学生さんもいます。そして運良くそういう学生さんに巡り合いました。

　「研究室のテーマとは全く異質だけどもやってみる？」と聞くと、「面白そう」との返事で全くやったことのないテーマに学生さんと取り組みことになりました。全く初めての研究なので、何はともあれ実験をしてみることにしました。

まず材料の茅です。幸い私の勤務していた大学の第二キャンパスは、横浜の北はずれの昔の山林を切り開いて作られており、隣接して里山の植生がわずかに残っていました。そして品質は良くないものの茅が自生していました。早速これを刈り取ってきて斜めに葺いたのです。そして雨を見立ててジョウロで水を掛けてみました。確かに水は途中で漏れることなく下端まで到達しました。ただ水は下の方に流れて来ますが、どこをどう通って流れているのかがさっぱりわかりません。研究はまず現象の観察から始めるのが基本です。流れを見るためには茅を透明にすればよい。

■ ガラス棒を用いた実験

　ということで写真13のように茅をガラス棒に置き換えました。(もちろん茅とガラスとではものが違いますが、水の動きが見えるという誘惑には勝てませんでした。ちなみに防水の観点からは、材料表面の水に対する濡れ性質が重要であり、茅に比べてガラスの水に対する接触角は22度と小さく濡れやすいため、ガラス棒の方が有利です。)

　そしていろいろな直径のガラス棒をたくさん買ってきて、写真14のように何層にも重ねて、角度を変えながら上から雨を降らせてみました。雨はガラス棒に当たり、一部はガラス棒の隙間に入り込み試験体の下端に向かって流れ、一部は隙間を抜けて下に落ちてしまいます。ですから実験としては試験体下端での排水量と、下に抜け落ちてしまった漏水量を正確に測る

写真13　茅材とガラス棒

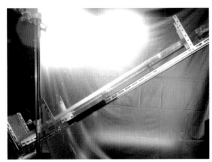

写真14　実験中の試験体

ことになります。そしてその総和が降らせた雨の量と一致していれば、正しく実験ができていることになります。

　ですからこの試験体の防水能力は図1に示すように、降らせた雨を「途中で落下させずに試験体下端までどの程度運ぶことができたか」で評価することができます。すなわち排水量と降水量（排水＋漏水）の比を排水率とすれば、これが防水能力の尺度となります。排水率100%は「完全防水」、排水率0%は「だだ漏れ」です。図2の実験結果はその観点からまとめてあり、横軸がガラス棒の間隙幅（茅材の隙間に相当）、縦軸が排水率（防水能力に相当）です。これは実際の茅材の直径に近い直径9㎜のガラス棒の結果であり、図では左からガラス棒の積層数1層から順次増やし、7層までの測定例です。さらにこの図では、試験体全体の傾斜（屋根勾配に相当）を10度という緩勾配から45度という急勾配までが示されています。

$$防水能力（排水率）= \frac{排水量}{降水量（排水＋漏水）}$$

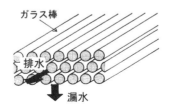

図1　防水能力の評価

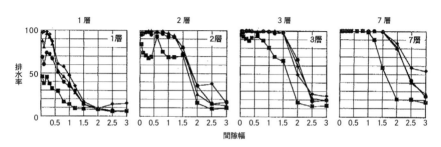

図2　ガラス棒径9㎜の時の実験結果
（傾斜：■10°、●20°、▲30°、◆45°）

▍棒間の安定した流れ

　さすがにガラス棒1層では、間隙幅に拘わらずほとんど「だだ漏れ」です。ところが2層に重ねると一気に防水性が高まりました。間隙幅0.5mm前後では100%防水可能なものが出てきます。観察での印象をいうと、ガラス棒の間で保持された水が、スーッと試験体の端まで移動してゆく。きわめて安定した流れが出来上がっています。

　この研究を始めるにあたり、過去にこのような研究がなされているかどうかを調べましたが、いわゆる学術論文としての発表はありませんでした。ただ物理学者集団、ロゲルギスが執筆された本[1]の中に、ガラス棒の間を流れる水を、「またがり流れ」という表現で説明されているくだりがあり、さすがに物理学者の観察は鋭いと心底敬服しました。そして我々の実験でもガラス棒を3層重ねると間隙幅1.5mmくらいまでは防水可能になりました。茅ぶき屋根の施工現場を見ると茅をしっかり縄で束ねて、葺材として屋根に持ち上げています。作業性からは当然束ねて屋根に上げる方が効率的です。そして防水性の観点からも、縄で締め上げるというのは、茅材間隔を狭めるといった点からも意味があると思います。

　さらにこの実験を通して屋根勾配も重要であることがわかりました。当たり前ですが勾配がゆるいと、さすがに雨を防ぐのは厳しいです。ですからわが国の草ぶき屋根は、雨が多いせいもあり、一般に急勾配です。ちなみに白川郷の屋根は50度位もあります。勾配が急であれば、積層数が少なくても（薄い屋根でも）雨を止めることができます。ただ我が国の草ぶき屋根の葺き屋根の厚さは、数十センチメートルと相当に分厚いです。おそらくは屋根の断熱性確保のため（本当かどうかは知りませんが、茅葺き屋根は夏涼しくて冬暖かいといわれています。）、それと耐久性確保のためです。実際の茅葺き屋根では劣化するのは表層部分だけです。ですからとりあえずの防水だけということだけならば、ほんの数層で十分です。実際カンボジアで見た屋根は薄っぺらなものでした。

　ということで我が国の茅ぶき屋根の技術は、防水の面からも耐久性の面

からも相当に優れた性能を持っています。実際、白川郷の茅葺き屋根の葺き替え間隔は 30 〜 40 年位であり、北の寒い地域では、地元の方に 60 年位持つのだと自慢されたことがありますが、あながちでたらめではなさそうです。

▌ 茅葺き屋根はなぜ漏れないか

さてこの茅葺き屋根がどうして水が漏れないのかの防水のメカニズムの話です。たくさんの実験と観察の結果、おおよそつぎのようなメカニズムが見えてきました。

①まず雨が上から降り、それが茅材に接触します。

②茅材は水に対して一定の濡れ性をもつため、茅材に付着します。そして水の表面張力のため落下せず、ある程度そのまま頑張ります。

③次の雨粒が接触して合体し、水滴が大きくなると下に落ちはじめ、次の段階として図3に示すように下層に位置する茅間の空隙を埋めるようにして水を保持します。いわば隙間だらけの、それでありながらしっかりとした水路が作られるのです。ここが茅葺き屋根の最大の優れている点です。この濡れ性と表面張力で保持される 3 本の材料にはさまれての水の流れは、非常に安定しています。しかもここに保持される水の断面積はかなり大きいのです。

図3　ガラス棒の隙間に水が保持される

④屋根では茅材が斜めに葺かれているため、図4に示すように保持された水は重力により下方に走り始めます。移動速度は当然勾配が大きければ早くなります。

図4　斜めにすることにより保持された水が動きはじめる。

⑤雨は降り続けるので水量が増え、この断面で支えきれなくなった水は重力により下の層へと移動します。茅葺き屋根でいうと雨が屋根の内部に入り込みます。ただ何層も重ねられているのでなかなか裏面までには到達しません。

⑥そして最後は、これらの水が茅葺き屋根端部から排水されます。(**写真15**)

写真15　茅の先端から滴り落ちる雨

ということで、茅葺き屋根の防水は、大きくは茅材間での水を保持と、保持水の軒先への移動によって具現化されています。ですから当然屋根勾配が大きくなれば排水能力は高まるし、葺き厚さが厚くなれば、排水能力は高まります。このように研究をしてみると、我が国の茅葺き屋根は相当なすぐれものです。

　唯一の泣き所は、燃えるということです。今のところこれだけはどうしようもありません。茅材を不燃化しようという試みは今もなされていますが、安価で、人体にも環境にも安全で、耐久性のある薬剤と処理方法を見つけるのはそう簡単ではなさそうです。もともと茅葺きも含め草ぶき屋根は、近所で手に入る材料を使う庶民の屋根です。これにはなんとか「火伏の神様」に頑張ってもらうよりしかありません。だからどこの国でも、都市部では茅葺屋根建設は原則禁止です。

▌趣味の研究も悪くない

　この研究は趣味的な色合いが強く、たくさんの学生さんが興味を持ってくれました。最初にわたしとがんばってくれたのは小林弘幸君でした。1984年のことです。そして高松政則君、佐藤達也君、今井賢治君、太田成彦君、三崎裕君、遠藤寛和君、舟瀬達夫君とバトンタッチをしてくれ、最後は須田裕子さんでした。そして長きにわたったこの研究は終わりました。9名の学生さんとの足掛け14年の共同作業でした。

　長期間頑張った研究でしたが、実務的には何の役にも立ちませんでした。ただ研究そのものは一般受けしたらしく、研究室としては珍しくテレビ局の番組作りのお手伝いする機会が3度もありました。**写真16**は学生さんたちと一緒に試験体を作成している風景です。しいて役に立ったといえるのは、番組制作費としてテレビ局からいただいた謝金を原資に、学生さんたちと一緒に、近所の居酒屋さんで盛大な打ち上げをできたことだけです。

　最後にこれを読まれている方におすすめしたいことがひとつあります。梅雨時期の雨の日に草ぶき屋根を訪ねていただきたいと思います。そして

薄暗い室内にゆったりと座って、茅材の端っこからぽたぽたと落ちる雨粒を、何も考えずに「ぼーと」見ていただきたいのです。これを見ていると、心の緊張が解けてゆきます。茅の濡れ性と水の表面張力が作り出す素敵な音楽を聴くことができます。だから趣味の研究も悪くないと思うのです。

写真16　試験体の作成風景

参考文献とこれに関して発表した論文

1) ロゲルギスト：第五・物理の散歩道；岩波書店、1972
2) 田中亨二、三崎　裕：円形棒状材料を用いた勾配屋根の防雨性能；日本建築学会構造系論文報告集、第475号、pp.17-25、1995
3) 田中亨二、須田祐子、宮内博之、植松津人：棒状材料を積層した排水システムの排水能力；日本建築学会構造系論文報告集、第541号、pp. 65-72、2001

4 研究は推理小説というエンターテイメントである。
塗床ふくれの謎解き研究が教えてくれたこと

▌ はじめに

　世界は大変なコロナ禍を経験しました。そしてコロナが我が国で蔓延し始めた2020年の春頃、テレビ等で国立感染研究所が最前線の研究機関として度々紹介されていました。そしてどこかで聞いたことのある名前だなと、古い記憶をたどり、やっと30数年前にエポキシ塗床のふくれ問題で、現地調査に行った場所であったことを思い出しました。調査建物は実験棟で、バイオハザードレベル4（BSL4）施設でした。最初BSL4と聞いた時は、何のことかわかりませんでしたが、研究所の方から、「海外から未知の病原菌が持ち込まれたら、まずこの研究所に運び込まれ、それを治すための治療法や薬の開発が始められるのですが、担当者が誤っての病原菌に感染したら、その治療法を自分で見つけるまで、この区画から永久に出られないのですよ。」との説明を受け、緊張感が一気に高まり、塗床の調査どころでなくなったことを思い出しました。

▌ 塗床のふくれ

　建築の床仕上げのひとつに、エポキシ樹脂を下地コンクリートに塗布して、シームレスの床とする工法があります。ドロドロした液状の材料を現場で流して床とするのですが、材料が程よい流動性をもつため、出来上がりが平滑で、色のきれいな素晴らしい仕上がりとなります。現場塗布なのでシームレスであり、非常に密閉性にすぐれます。さらに硬化すると硬くなり、耐薬品性もあるので、工場の床や化学実験室の床に好んで用いられます。先の施設に採用されたのもそういう理由からです。

ところがこの施設の1階の土間スラブ*に施工したエポキシ塗床に、ところどころ火ぶくれ状のふくれが発生したというのです。**写真1**は違う現場で写した土間ですが、このような不具合がゼネコンを通してメーカーにクレームとして持ち込まれました。当時、研究室では屋上防水層のふくれのメカニズム解明の研究に取り組んでいました。そして論文もいくつか発表していたため、それ読まれた担当の方が、ふくれだから似たようなものだろうと、我々のところに相談に来られ、一緒に国立感染研究所の現場に調査に出かけたのです。

　相談の趣旨は塗床がどうしてふくれたのか教えてほしいとのことでした。しかしこれは難問です。理由はふたつあります。ひとつは、下地コンクリートからエポキシ塗床材を押し上げる力です。それまで我々の研究対象としていた屋上での防水層のふくれは、駆動力が明快です。水蒸気圧です。下地のコンクリートには水分が含まれていて、それが日中太陽に温められて気化し、大きな圧力と化します。高校で習う物理、化学の教科書どおりです。ちなみに**写真2**は私が大学院生の頃、小池迪夫先生のお手伝いで、奈良県内のある団地の防水層調査の時に写したものです。私の見て来たたくさんのふくれの中で、これほど感動的なもの？を二度と見ることはありませんでした。強く印象に残っている古典的な防水層のふくれです。一方、塗床のふくれは室内です。室温近傍での水蒸気圧はたいしたものではありません。ですから防水層のふくれのメカニズム論では全く説明ができないのです。

図1　土間スラブに生じたふくれ

写真2　筆者が見た中で最大級の
　　　　屋上防水層のふくれ

二つ目はエポキシ塗床材自身の力学的性質です。これは固まるとカチカチになります。これを変形させるためには相当な力を要します。要すればこんなに硬い材料の床が簡単にふくれるとは信じがたいのです。

塗床ふくれの再現

　そのため早速研究にとりかかることになりました。まずはふくれが本当に発生するか確認しなければなりません。中心となってくれたのは内田昌宏さんです。彼といっしょに、実際の土間スラブと同じ状態の試験体を作って様子を見ることにしました。図1はふくれの再現を試みた実験です。コンクリートスラブの上にエポキシ塗床材を施工し、これを濡れた砂の上に置いて観察しました。濡れた砂の上に置いたのは、土間スラブは湿った地面に接していることが多いからです。そしてしばらくするとぽつぽつとふくれが出て来ました。図2が3ヶ月後のふくれの発生状況です。実際の建物で見られるのと全く同じふくれです。

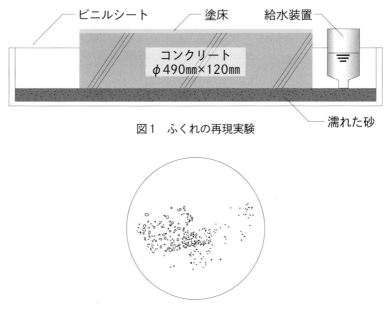

図1　ふくれの再現実験

図2　3ヶ月後のふくれの発生状況

やはり塗床は何かの力で押し上げられている。今度はこの力を測ってみようということになりました。ただ何カ月もかけて測定するのは大変です。そのため早くふくれを発生させる促進試験条件を模索しました。その結果下地コンクリートを肩位まで（これがこの実験のポイントです。）30℃の水に浸し、これを20℃の雰囲気下に置くと、比較的早くふくれを発せさせることができることがわかりました。液温を周りの温度よりも少し高くすることも、もうひとつのポイントです。**図3**に試験体の設置状況を示しますが、この方法で行うと数週間でふくれを作ることができます。そしてふくれの内部は**写真3**に示すように実際と同様、液水で満たされています。ちなみにこの写真はふくれ部分を液体窒素で冷却固化し、断面を切断して撮影したものです。

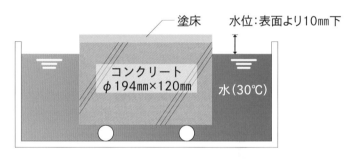

図3　ふくれ促進試験

写真3　ふくれの断面
（内部の液水を液体窒素で凍結させ、切断して撮影。白っぽい部分が凍結液水部分）

ふくれ圧力はどの位か

これで準備が完了したので、早速圧力測定にとりかかりました。小型の圧力変換器を図4に示すように先ほどの下地コンクリートの上に設置し、エポキシ塗床材を施工しました。そして先ほどの試験環境（水温30℃、環境温度20℃）に置きました。試験結果を図5に示しますが、5週目頃から圧力が高まり始め、最大で0.13MPa（1.3kg/cm²）を記録しました。確かにエポキシ塗床材は下から押し上げられています。

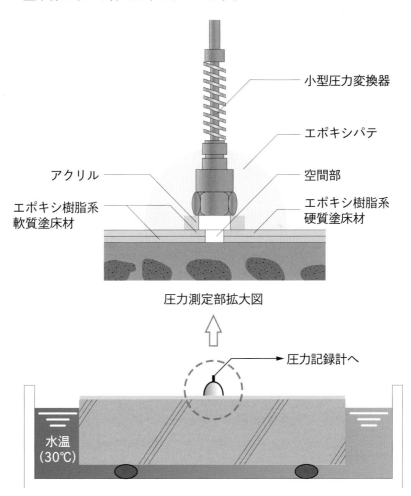

小型圧力変換器

エポキシパテ

アクリル

空間部

エポキシ樹脂系軟質塗床材

エポキシ樹脂系硬質塗床材

圧力測定部拡大図

圧力記録計へ

水温（30℃）

図4　エポキシ塗床背面圧力測定

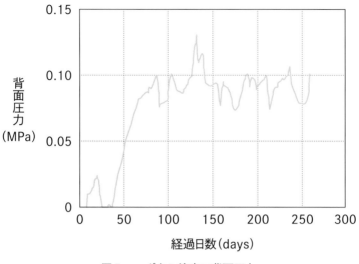

図5　エポキシ塗床の背面圧力

塗床裏面に水が集まってくる

　次の疑問はどうしてエポキシ塗床裏面に水が集まってきたかです。今度はこの謎を解かねばなりません。実はこの研究を始めるにあたって、塗り床ふくれの文献調査も併行して行っていましたが、その中に浸透圧** によるのではないかとする論文[1] がありました。状況から考えてこの説が合理的であるように思われました。

　そしてこの考え方をエポキシ塗床に適用してみることにしました。まずどの程度の水が移動してくるかです。そのため図6 に示すような簡単な装置を作り水の移動量を測定しました。これは蒸留水とエチルセロソルブ5%溶液の間を20mmのコンクリート板で仕切ったものです。エチルセロソルブという聞いたことのない液名が出てきて面食らったかもしれませんが、エポキシ塗床に含まれる成分であり、これが溶け出てきた結果です。(実際のふくれ内液水を分析すると必ず検出されます。)

　コンクリート板を介してエチルセロソルブ溶液に浸透してくる水量は、その上にガラス管を立てて、毎日高さを測定しました。この実験を私と一

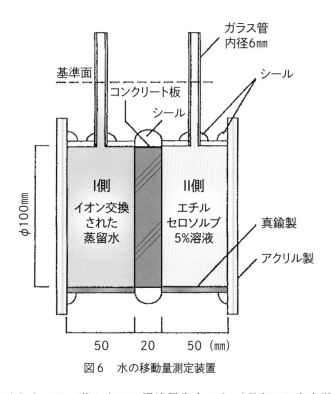

ガラス管
内径6㎜

基準面

シール

コンクリート板

シール

Ⅰ側
イオン交換
された
蒸留水

Ⅱ側
エチル
セロソルブ
5%溶液

φ100㎜

真鍮製

アクリル製

50   20   50（mm）

図6　水の移動量測定装置

緒にやってくれたのは、若かき日の湯浅昇先生です。（現在は日本大学教授
としてコンクリート分野で大活躍ですが、当時は大学院生で、この実験を
きっかけとしてセメント硬化体の半透過性による水の一方向移動に関する
研究という素晴らしい修士論文を書いてくれました。多分ふくれに関して
水の移動を肉眼で見た最初の日本人だと思います。）

　私はどうせ上昇速度はゆっくりとなり、いずれ止まるだろうと高を括っ
ていましたが、甘かったです！全然止まらないのです。ついに移動してき
た水がガラス管から飛び出しそうになりました。これはまずい！ということで
同じ径のガラス管を急遽継ぎ足しました。そして継ぎ目をテープでグルグ
ル巻きにしました。まるで骨折患者の風体です。その後も止まらずまたガ
ラス管をまた継ぎ足しました。そして数日後、ガラス管はもう自立できず
テープのところで折れ曲がってしまいました。そしてそれ以上は測定不能
となりました。やけ酒を飲んだのは言うまでもありません。

47

ここで示す**図7**の水の移動量のデータは、実験技術が向上した後、測定したものです。割と安定したデータが取れています。実験を仕掛けた翌日から水がエチルセルソルブ側に流れ込んできています。浸透圧説は正しそうです。

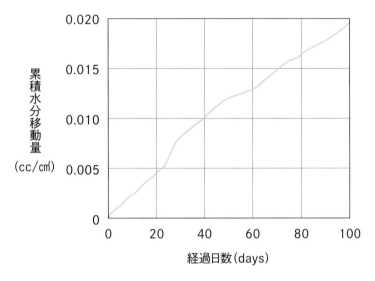

図7　水の移動量測定結果

　この状態でエチルセロソルブ側のガラス管を取ってしまい、完全に封じると水はどんどん流れ込もうとするので、圧力が高まるに違いない。そう考えて今度はこれ（浸透圧）を直接測定しようということになりました。図8に装置の断面を示します。試験装置の構成は同じですが、エチルセロソルブ溶液側は高圧となるので、装置がひ弱では困ります。そのためがっちりとした真鍮製で設計しました。当然圧力センサーを組み込んであります。

　図9が測定結果です。当初はモルタル試験体側にエチルセロソルブ溶液が、多少吸い込まれるため圧力が少し下がりますが、40日経過後からは正圧に転じにどんどん上昇します。そして160日目には最大0.14MPaを観測しました。その後は下がったり上がったりで、これ以上は上昇しませんでした。でも確かに浸透圧が発生しています。しかも最大の値は、先ほどの

模擬ふくれ実験で観測された最大値と同程度です。コンクリートが半透過膜的役割を果たしています。これが塗床のふくれ圧力の原動力となったことは間違いがありません。

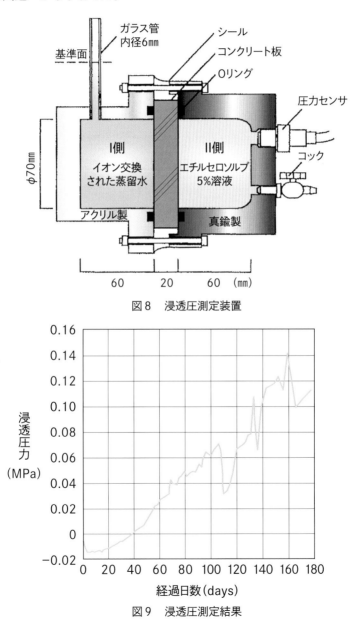

図8　浸透圧測定装置

図9　浸透圧測定結果

▍エポキシ塗床材はクリープする

　最後の謎は、この硬いと思われるエポキシ床塗床が、どうしてこの程度の圧力に負けて、ふくれてしまうかです。最後の段階の研究でがんばってくれたのは松原知子さんです。まず基本となるエポキシ塗床材の基本的力学的性質を知るために引張試験を行いました。結果は図10に示すとおりです。ヤング率は温度により異なりますが、20℃ではざっくり 0.4×10^4 Maです。ちなみにコンクリートは $2.0 \sim 3.0 \times 10^4$ MPaですから、コンクリートほどではないにしろそれでも $1/5 \sim 1/7$ 程度はあり、とても先ほど程度の圧力に負けるとは到底思えません。ただ一般に高分子材料は粘弾性的性質をもっています。筆者は合成高分子系防水材料の研究から、研究者人生をスタートさせたので、大学院生の頃高分子材料の粘弾性について多少勉強していました。ですからクリープ *** を疑いました。そこで持続荷重下で伸びが増加するかどうかを調べることにしました。

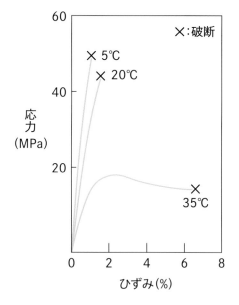

図10　エポキシ塗床材の引張試験結果
（JIS K 7113 試験片、引張速度 1mm／分）

図 11 が引張クリープ測定装置です。装置といってもたいしたものではありません。試験片に重錘をぶら下げただけのものです。これが時間とともにどの位伸びてくるかどうか、ひずみ量を測定するのです。当然クリープ量は重錘の重さに依存し、重ければどんどん伸びてくるし、軽ければゆっくりとなる。そのため破断強度の 1/10、1/30、1/100、1/500 の 4 段階で行いました。さらに高分子材料の力学的性質は温度の影響を受けやすいことも常識ですので、実験温度は冬期から夏期までを想定し、5℃、20℃、35℃の 3 段階で行いました。

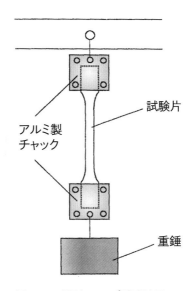

アルミ製
チャック

試験片

重錘

図11　引張クリープ試験装置

　これらの試験結果を図 12 に示します。重錘が重ければどんどん伸びてくるというのは、予想どおりでした。ただ重錘が軽くてもわずかですが伸びは増加しており、エポキシ塗床材は見かけカチカチでも、基本的にはクリープする材料であることがわかりました。

　また驚いたのはエポキシ塗床材の感温性が予想以上に大きかったことです。5℃、20℃ではそうでもありませんでしたが、35℃では目に見えてクリープするのです。破断荷重のわずか 1/100 の負荷でも、2 ヶ月程度で 0.2% 程

度伸びるのです。これにはさすがにびっくりです。実験はしてみるもので
す。最近は気象の過激化のために、夏期には気温が35℃を超える日が珍し
くなくなっています。研究を行った当時は過酷すぎるかなと思った温度で
すが、最近はこれが常態化しており、もはや過酷な温度とは言えない時代
になりました。

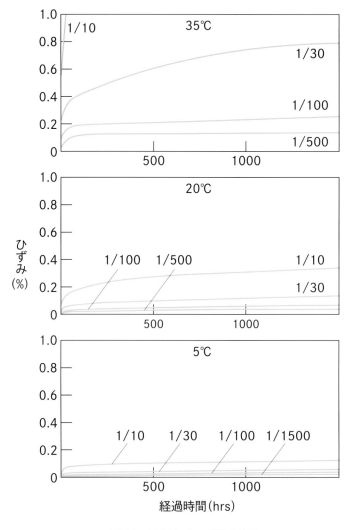

図12　引張クリープ試験結果

さてカチカチ状態のエポキシ塗床材でも、クリープにより変形が進むというところまで追い詰めました。後は塗床でふくれが大きくなるかどうかを実際に確認することだけです。その目的で長期間ふくれ圧力を作用させる試験装置を作成しました。それが**図13**です。直径10㎜のふくれをイメージして、下側から一定水圧を負荷し続けるという仕組みであり、ふくれ高さを継続して測定しました。負荷水圧は今までの膨れ内部圧力の実測で得たデータを参考に0.1MPa、温度は先ほどと同様5℃、20℃、35℃の3段階です。

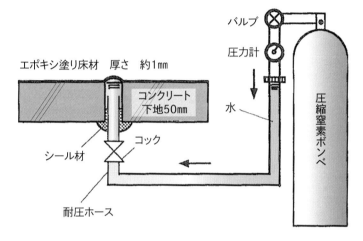

図13　ふくれ拡大試験装置概要

　試験結果を**図14**に示しますが、予想通り時間とともにふくれが次第に高さを増し始めました。そして普通の室温20℃でも、十分ふくれが成長することを確認しました。そしてここでも温度の影響はびっくりするほど大きく、35℃という夏場想定ではふくれ成長が極端に加速されました。ということで、一見硬いと思われるエポキシ樹脂塗床も時間とともにクリープが進行し、それがふくれとなることを確認し、研究は晴れてエンディングを迎えることができました。

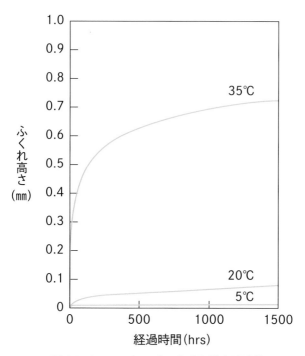

図14　0.1MPa加圧時のふくれ拡大試験結果

■ エポキシ塗床ふくれのメカニズム

　最後にここまでの研究をもとに、エポキシ塗床のふくれメカニズムを整理し5ステップに分けて図15に記述しました。

　ステップ1：一番上の図は、ふくれ観察の結果をもとに作成した塗床材とコンクリート下地の模式図です。きれいにコテ仕上げのされたコンクリートでも、表面には必ず微小な凹凸があり、塗床材の下には空隙が残っています。金ゴテ仕上げをしたから全く隙間がないと思うかもしれませんが、決してそうではありません。

　ステップ2：その空隙の上の塗床裏面に、コンクリート中に含まれている水分が凝縮します。原因は結露です。室内の温度変化により、コンクリート温度と塗床材の温度に位相差を生じるからです。

ステップ3：エポキシ塗床材から水可溶成分(ここではエチルセロソルブ)
　　　　　　が、わずかであるが溶けだします。

ステップ4：下地コンクリート中の水分が、コンクリートの半透過性の
　　　　　　ために移動してきます。

ステップ5：浸透圧が塗床材を押し上げます。そして塗床材のクリープ
　　　　　　性のためにふくれは大きくなます。

これが我々の長期間の研究により明らかにしたエポキシ塗床のふくれメ
カニズムです。

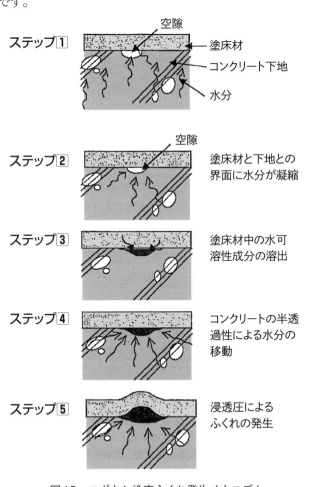

図15　エポキシ塗床ふくれ発生メカニズム

▌研究は推理小説というエンターテイメントである

　ところでこの研究が世間の役に立ったどうかと聞かれると実は微妙です。メーカーが製品の改良や開発の根拠として役立ったかもしれませんが、表向き大きな反応はありませんでした。ただこの研究の成果が建築学会論文集に掲載された翌日、ゴルフを趣味とされる先輩教授から朝一番電話をいただきました。愛用されているゴルフ場の塗床にふくれがあり、「どうしてふくれているのかわからなかったが、これでわかったよ！」とのことでした。ですからちょっとは役にたったのかもしれません。

　それにしてもここまでの結論にたどり着くまで、皆で推理と実験を重ねました。幸い優秀なシャーロックホームズ君がたくさん集まってくれました。こうやって当時の事を回想していると、私は単にワトソン君に過ぎなかったような気がします。まさに研究は、推理小説というエンターテイメントです。

*土間スラブ
地面に支えられた鉄筋コンクリート床のこと。地盤に直接荷重が伝達されるので鉄筋量が少なくてすむので、1階の床に用いられることが多い。

**浸透圧
濃度の異なる液体は半透過膜を通して、濃度の高い方に移動するが、濃度の高い液が低い液から水を引き寄せる力のこと。

***クリープ
物体に持続荷重が作用すると、時間の経過とともに変形が増大する現象。

参考文献とこれに関して発表した論文

1) W. J. Warlow, P. W. Pye: Osmosis as a cause of blistering of in situ resin flooring on wet concrete; Magazine of concrete research, Vol. 30, No.104, pp.152-156, 1978

2) 田中享二、内田昌宏、大森　修、橋田　浩、湯浅　昇：塗床のふくれ発生機構の一考察；日本建築学会構造系論文集、第488号、25-30、1996,10

3) 田中享二、内田昌宏、大森　修、裵　基善：塗り床のふくれ発生に及ぼす下地コンクリートの影響；日本建築学会構造系論文集、第493号、1-7、1997,3

4) 田中享二、裵　基善、湯浅　昇；セメントモルタルの半透過性に起因する浸透圧の測定；日本建築学会構造系論文集、第495号、9-13、1997,5

5)田中享二、松原知子、内田昌宏、池田学：エポキシ樹脂系塗り床材のクリープ性状とふくれの成長；日本建築学会構造系論文集、第525号、15-20、1999,11

6)内田昌宏、田中享二：エポキシ樹脂系塗り床の付着性に及ぼすセメントモルタルの表面粗さの影響；日本建築学会構造系論文集、第531号、41-46、2000.5

5 研究でも異分野交流を積極的に！
建築材料の衝撃破壊研究が教えてくれたこと

■ はじめに

　大学の研究室での研究活動のなかで、頭を悩ますことのひとつに、学生さんの研究テーマの設定があります。一般に大学での研究テーマ設定は自由です。これは伝統的に学問の自由は保証されていることが背景にあります。実際個人的にもテーマを強制されたことは一度もありません。その伝統があるので、一応学生さんには自身で考えなさいと指示はするものの、研究はある程度の水準が要求されること、また研究室の装置や予算のこともあるので、現実には学生さんが自ら考え出した課題では困難なことが多いです。半世紀も前ですが、私も4年生の時の卒業研究のテーマ決定も、一定レベルの課題を自分では考え出せなかったから、結局は指導教官小池迪夫先生が提示してくれた中から選びました。自分で考えたテーマに研究価値があり実行可能ならば、多分先生はいいよと言ってくれたと思います。これが現実です。

　ただ長い教員生活の中で一度だけ、研究課題のフィールドが指示され、それに沿う形で研究を展開しなければならなかった経験があります。私の勤務先は大学ではありましたが、研究所という組織でした。研究所とはいうものの授業を行い、入試も担当し、そして大学の各種委員会等にも出席させられるので、学部と大した違いはありません。ただ異なるのは、研究所として組織の自立が強く求められる点です。学部は基本的には学問体系に沿って組織が作られ、固定的安定的であるのに対して、研究所は横断的もしくは逆に超専門的、いずれにしても広い意味での社会の要求にしっかりレスポンスすることが求められます。

平和に暮らしていた研究所生活でしたが、一時期「大学研究所不要論」が世間の話題になったことがあります。我々もその渦に巻き込まれました。研究所としての生き残りが議論され、所長のリーダーシップのもと、安心安全な社会構築を目指すセキュアマテリアル研究を推進するという大方針が定められたのです。建築分野は普段からそのような課題に取り組んでいましたが、もっと世間に積極的にアピールできるものとの要請でありました。

　さて問題は何を課題とするかです。今まで勝手気ままに課題を設定していましたが、今度は厳しく研究所の方針に沿う研究をという要請です。民間会社ならば当たり前のことですが、先ほどの理由で私としては初めてのこととなりました。

　思いついたのは、建築外皮構成材の衝撃破壊でした。実は研究所には建築以外の分野の先生も多く、超高圧物理の分野で世界的業績をあげているグループもあり、衝撃試験の立派な装置とノウハウをお持ちでした。そことコラボすることにより所長の要望に応えられるのではないかと思ったのです。当時は中東を中心にテロ事件が多発し、爆破による建物損傷による被害が多く出ていました。それらの報道を通して私が懸念したのは、テロという観点からの都市建築の脆弱性です。我が国では外壁を構成する材料の爆破衝撃に対する抵抗性はまったく考慮されていません。もちろん建築でもかなり衝撃研究はされています。ただ基本は構造体に対してです。建物の外皮に対する爆破衝撃は想像もされていません。

　外皮構成材料の爆破衝撃で考えなければならのは、自身の破損に加えて、吹き飛ばされた破片が高速飛翔体となり、2次的に他の建築部位に衝突し、さらに被害を拡大させる危険性です。飛んでくるのは鉄の玉だけではありません。一般の建築材料も飛んでくるのです。そして受ける止める材料も建築材料です。起きてほしくない光景ですが、都市セキュアという観点からは、バックデータだけは取っておく必要があるのではと考えたのです。

　さて研究は私ひとりではできません。誰と進めるかです。たまたま研究室にモデルガン好きという学生さんが加わってくれていました。井上

健二君です。ちなみに私も子供の頃はゴムパチンコを自作し遊んでいた位で、飛び道具には興味がありました。彼に相談を持ち掛けると、「やりましょう」との即答。ということで研究が始まりました。イメージは極端に言えば、「都心でテロによる爆破があった時の、建築材料の高速飛翔による外装材の損傷」です。今振り返っても物騒な課題の研究でした。

▌ 衝撃時の飛翔体の速度

　ここで飛んでくる物体（飛翔体）の速度の概略を説明しておきます。建築で普通、衝撃破壊が問題となるのは台風や竜巻です。これだと 10 ～ 50m/秒です。これが車両や航空機事故だと 150 ～ 300m/ 秒となります。爆破事故では 600m/ 秒を超えます。物理の教科書によると音速は 343.3m/ 秒（20℃）なので、爆破はマッハを超えます。これがこの研究で対象とした速度です。速度の遅い方は我々だけでも何とかできそうですが、超高速系は無理です。ここで超高圧物理の先生とのコラボが生きてくるのです。

　さて試験方法ですが、飛ばす材料（飛翔体）は**写真1**に示すような 4mm φ 球体、これを受ける衝突板は直径 100mm φ（有効部分 80mm φ）の円盤状試験体としました。これは装置の関係で自動的にそうなりました。

高速飛翔

飛翔体を受ける側（衝突板）、
有効衝突面積80mmφの円盤状試験体

飛んでゆくもの（飛翔体）：球体

写真1　飛んでゆく材料（飛翔体）と受ける材料（衝突板）

次に試験装置です。まず台風程度の低速（？）は**写真2**に示すゴムパチンコです。子供だましのような方法ですが、飛ばすものが 4mmφ の球のせいもあり、意外と具合は良かったです。次のレベルの車両や航空機衝突速度には、**図1**に示す1段式軽ガス銃をお借りしました。まずヘリウムガスを圧縮し、その後瞬時に開放し球体を発射します。そして球体はチャンバー内に設置された衝撃板（試験体）に衝突します。当然ですが空気抵抗による減速を避けるために、当然内部を真空状態にしてあります。瞬間的な出来事なので、破壊状況は高速カメラで撮影します。

◁写真2
ゴムパチンコ式の低速衝撃試験

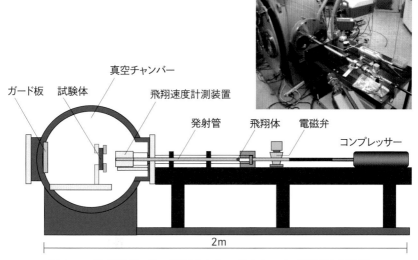

図1　一段式軽ガス銃：圧縮されたヘリウムの力で飛翔体を発射
発射速度：200〜400m/s

もっと高速の爆破レベルの実験には、図2に示す二段式軽ガス銃です。まず銃の端部で火薬を爆発させピストンを飛ばし、銃内部に充填したヘリウムガスを瞬間的に圧縮します。そしてこれが薄い隔壁（ダイヤフラム）を破り、球体を飛ばします。このような仕組みで超超高速を作り出します。火薬を使う実験ですので、当然資格が必要であり、我々単独ではできません。そのためこの辺の超高速系の実験は、同僚の田邉靖博先生のグループにお願いしました。

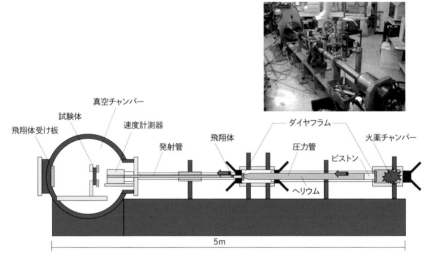

図2　二段式軽ガス銃：火薬の力で、ヘリウムガスを圧縮して
飛翔体を高速発射する装置、速度：600m/s 〜 1200m/s

▌ モルタルに鋼球をぶつける

　まず建築で想定されるふつうの組み合わせということで、飛翔体は鋼球、受け手の材料はモルタル板としました。モルタル板は簡単に研究室で作ることができますので、3mmから30mmまでの数段階のものを用意しました。これに鋼球をいろいろな速度でぶつけたのです。

　写真3はモルタル試験体破損の瞬間を横から撮影したものです。この場合は右から飛んできた鋼球がモルタル板を破壊しながら突き抜けています。

ただ破壊の状況は飛翔体の速度とモルタル板の厚さと関係します。図3はこのシリーズの実験で観察された破壊の状況を整理したものです。さらに図4にモルタル板の厚さと鋼球の衝突速度との組み合わせで、これら破壊の形態をゾーニングして示しました。

　もちろん速度が遅ければ無傷です。しかし速度を上げ始めるとモルタル板に破壊が生じ始めます。マッハを超えると鋼球はモルタル板を簡単に貫通します。ただその途中が興味深いのです。速度が遅い衝撃では表面が削れて「ハイお終いです」が、速度が上がりマッハに近づくと、鋼球は突き抜けていないにも係わらず、裏面のモルタルが壊れて飛び出すのです。写真4は307m/s

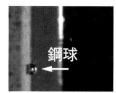
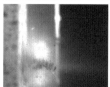

写真3
鋼球によるモルタルの衝撃破壊

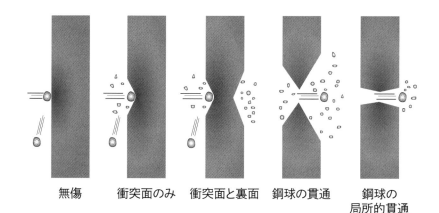

| 無傷 | 衝突面のみ | 衝突面と裏面 | 鋼球の貫通 | 鋼球の局所的貫通 |

図3　モルタル試験体の破壊の模式図

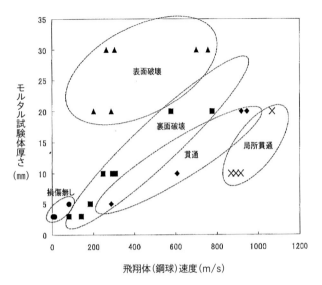

図4　飛翔体速度とモルタル厚さの違いによる破壊の状況

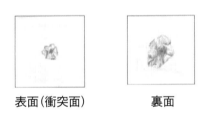

表面（衝突面）　　　　　裏面

写真4　307m/sの時の10mm厚のモルタル板の衝撃破壊
（鋼球は抜けていないが、裏面モルタルは大きく破壊している。）

の時のモルタル板（10mm）の衝撃面と裏面の状況です。確かに表面には損傷
跡があります。それと同時に裏面のモルタルも壊れています。しかも破壊
の程度は裏面の方が大きいのです。

　「飛翔体の速度により破壊のモードが変わる。」これは建築にとって大事な
知見です。衝撃研究のご専門の先生には、脆性材料が衝撃波の伝搬により
飛翔体が貫通しなくても裏面は剥離飛散するという、このような現象は当
たり前とのことですが、初めて見た我々にはまさしく"衝撃的"事象でした。
例えば、安全だと思って潜んでいた鉄筋コンクリートの建物の壁の内側の
一部が、突然飛び出してくる光景が想像されたからです。

見たこともないような結果に興味がそそられて、学生さんには銃を撃つたびに結果報告を求めました。ただ当人は実験後の銃内部と試験装置の清掃に1〜2日、発射実験の準備にまる1日という重労働で、それでいて実験そのものはマイクロセカンドという超超短時間という慌ただしい作業の中で、いちいち先生に付き合うのは大変だったと思いますが、聞く方にとっては楽しみでした。

■ いろいろな建材の衝撃実験

　さてここからが本命です。今度はモルタルに加えてその他の建築材料でも調べてみました。試した材料は厚さ5mmの木材（杉）、ガラス板、鋼板、アルミ板、プラスチック（ポリカーボネート）板です。これに先ほどの鋼球（4mmφ）をぶつけたのです。写真5に損傷の状態の写真の一部を示しますが、結果は図5に示すように大きく3つのグループに分類されました。

　ひとつは簡単に貫通するものです。当然ながら木材はつらいです。木材は軟らかいので人間を受け止める材料としては理想的ですが、このような物騒な目的には限界があります。次は損傷面積の大きいグループです。これは脆性材料に特徴的です。飛翔体の速度が遅ければ表面を少し削るだけですが、ある程度の速度からは飛翔体が突き抜けなくても裏面側が激しく損傷します。もちろん超超高速になると、飛翔体もあっさりと突き抜けます。

　最後は比較的貫通しにくく、またダメージも小さいグループです。代表選手は鋼材です。鋼球は貫入するが貫通はしませんでした。軍艦や戦車はすべて鋼製なのも納得がゆきます。そしてこのグループには意外なことにプラスチックもありました。もちろんマッハを超えると貫通しますが、普通の超高速（？）では鋼球が貫入はするものの、材料を局部的に変形させるだけで、突き抜けはしないのです。衝撃に安全なガラスとして、ガラス層の間にプラスチックを挟み込んだ合わせガラス建材がありますが、この結果を見るとなるほどとその理由が理解できます。

鋼球飛翔速度

	50m/s	300m/s
木材(スギ)	凹み	貫通
モルタル	凹み	貫通
ガラス	衝突面ひび割れ	ひび割れ伝播 全体破壊
アルミ	凹み	貫入のみ
鋼材	凹み	貫入のみ
プラスチック (ポリカーボネイト板)	損傷なし	貫入のみ

写真5　各種建築材料の鋼球衝突後の状況

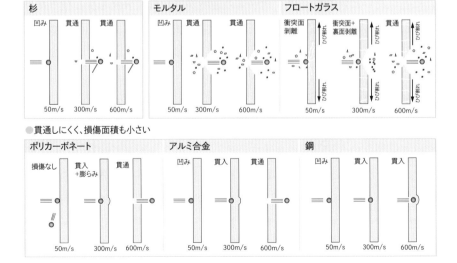

図5　鋼球衝突による各種建築材料の損傷形態

飛んで行く建材を変えた実験

　次は飛んで行く建築材料（飛翔体）の種類を変えた実験です。材料は木材（ヒノキ）、砂岩、プラスチック（ポリエチレン）、ガラス、アルミニウム、鋼材の6種であり、これを衝撃実験装置で飛ばせるように4mmφの大きさに成形しました。受け手（衝突板）の材料は厚さ5mmのモルタル板です。

　どうなったか？写真6に飛ばす前の状態と、速度50mm/sと300mm/sでぶつけた後の状態を示します。最初はまん丸だった材料ですが、超高速になると鋼球以外は何とも無残な状態になります。アルミでも半分くらいまでに潰れてしまいました。他の材料は割れるか粉々になります。ここで示した写真は、実験担当の学生さんがチャンバー内に飛散した材料を一生懸命拾い集めて撮影してくれたものです。大丈夫だったのは鋼球だけでした。やはりここでも鋼は強いを実感しました。

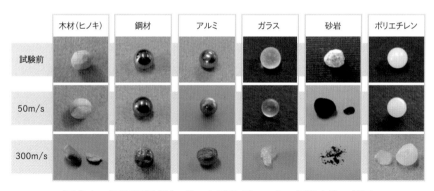

写真6　各種建築材料で作った球体がモルタル板衝突後の状況

研究でも異分野交流は大事

　これが功を奏したかどうかはわかりませんが、研究所の先生方が各々の専門性を生かしながら共同で頑張った結果、評価が高まり何となく研究所不要論は消失しました。そして私自身にとっても異分野の先生との協業の機会が与えられ、普段では考えられない実験をすることができ、しかも興味深いデータを得ることができました。きわめて消極的な理由から異分野

の先生と共同研究をするはめに陥りましたが、意外にも研究は面白く展開しました。異分野交流はビジネス界だけの専売特許ではありません。研究の世界でも有効です。異分野交流を積極的に！これがこの研究が教えてくれたことでした。

これに関して発表した論文

1) 井上健二、宮内博之、田邊靖博、田中享二：飛翔体の高速衝突によるコンクリート材料の破壊性状：日本建築学会学術講演梗概集（関東）pp. 403-404, 2006.9
2) 井上健二、宮内博之、田邊靖博、立花正彦、田中享二：高速飛翔体に対する各種建築材料の衝撃破壊性状：日本建築学会学術講演梗概集（九州）pp. 1011-1012, 2007.8

コンクリートの灰色は生きている。
コンクリートの濡れ色研究が教えてくれたこと

■ はじめに

　私は北海道で生まれ育ちました。そして当時の北海道の住宅の多くはト
タン葺きの三角屋根で、青、緑、赤色といったクレヨン的な単純な色で塗
られていました。鮮やかな色は白一色の吹雪の中でも家の存在がわかるの
です。また梅雨もない比較的からっとした風土には、クレヨン的色遣いが
マッチしていたのかもしれません。

　大学を終えて就職のため上京したのは昭和46年4月のことです。そして数
か月後に生まれて初めて梅雨を経験しました。本当に雨続きでそれが日曜日
だったりすると、独身者にはそこしか洗濯のチャンスはありませんでしたから、下
宿の狭い6畳間にロープを張っての洗濯物干しには、本当に苦労しました。

　ただ梅雨は意外と気に入りました。静かで落ち着くのです。洗濯物に囲
まれてはいるものの、本を読んだり、ラジオの音楽に耳を傾けたりするの
には最適です。窓のすぐのところに柿の木があり、緑の葉の先端から雨粒
がぽたぽたと落ちるのが見え、さらに通りの向こうの家は灰色に煙った墨
絵のように見えました。

　総じてみれば、やはり日本は高温多湿の国であると思います。多分その
せいだと思いますが、伝統的にあまり極端に彩度の高い色は好まれずに、
微妙な色合いがそして控えめで上品な色使いが好まれるのです、という説
明を読んだことがあります。それが「わび」とか「さび」といった英語に翻訳
しにくい言葉が生まれたことに通じるのかもしれません。

　そして伝統色の主役は何といっても灰色です。中でも有名な色は**写真1**
に示す「利休鼠」です[1]。多分これを有名にしたのは、城ヶ島の雨（作詞：

北原白秋）という歌だと思います。出だしの「雨はふる、ふる、城ヶ島の磯に、利休鼠の雨がふる。」の一節に登場するからです。私も北海道にいたころから時々口ずさんでいました。ただ利休鼠とは雨にくすんだ灰色くらいだろうとは思ってはいましたが、実際どんな色なのかはよく知らず、想像をめぐらすだけでした。ただ上京して梅雨空を毎日見るうちに、多分このような中に感じる色なのだということが少しずつ分ってきました。

　ただ梅雨空の灰色といっても様々です。そこで手短に、白から黒に至るまでの灰色の和名をネットで調べてみました[2]。驚きです。表1に示すようにたくさんあります。たかが灰色とあなどるなかれ、です。

写真1　利休鼠の色
色彩図鑑（日本の色と世界の色）カラーセラピーライフ
（https://i-iro.com/dic/rikyunezu）

表1　白・灰・黒系の色の和名

薄墨色（うすずみいろ）	墨色（すみいろ）
空五倍子色（うつぶしいろ）	石板色（せきばんいろ）
葡萄鼠（えびねず、ぶどうねず）	象牙色（ぞうげいろ）
灰白色（かいはくしょく）	消炭色（けしずみいろ）
生成（きなり）	茶鼠（ちゃねず）
銀鼠（ぎんねず）	鉛色（なまりいろ）
黒橡（くろつるばみ）	鈍色（にびいろ）
濃鼠（こいねず）	乳白色（にゅうはくしょく）
桜鼠（さくらねず）	鼠色（ねずみいろ）
紫黒色（しこくしょく）	灰色（はいいろ）
漆黒（しっこく）	利休鼠（りきゅうねず）
砂色（すないろ）	蝋色（ろういろ）
純白（じゅんぱく）	https://kotonohaweb.net/color-name-japanese

コンクリートの灰色

ここからは建築材料の話です。建築で灰色の代表選手は何といってもコンクリートです。どこの大学でも建築材料の講義で一番時間を割いて教えるのはコンクリートです。昔はコンクリートを裸のままで使うことは、建築では少なかったとのことですが、戦後打ち放しコンクリートという名のコンクリートの地肌を見せる建築が多くなりました。近代建築を可能とした建築材料は、鉄、コンクリート、ガラスの三つであると教わりますが、その時のコンクリートの位置付けは構造用です。ただガラスとペアになると一転して建物外皮構成材料となります。著名な建築家の中には打ち放しコンクリートを得意とする人も多くいます。そして打ち放しコンクリートの建物は現在も作り続けられています。それほど魅力的な材料なのです。

ちなみに私の学生時代のへたくそな卒業設計も時流に乗り、打ち放しコンクリートとしました。そのため提出したパースも建物を灰色に塗りました。(今は模型を作ることが多くなったと思いますが、私の学生の頃は彩色パースが提出図面のひとつに指定されていました。)ただ日頃感じていると思いますが、コンクリートは水に濡れると濡れ色に一変します。私の稚拙なパースも灰色に塗る時、どの程度の灰色にすればよいのか、白の絵具と黒をどのくらいの割合で混ぜればよいのか、人並みに悩んだ記憶があります。

ただ完全に濡れたコンクリートの色の話はたくさん聞きますが、その途中はどうなっているのだろう?渇いて白っぽい色から、突然暗い色に変わるはずはない。いろいろ文献を調べてみましたが、途中について述べたものはありませんでした。そしてこの私の疑問に興味をもってくれた仲間がいました。劉霊芝さんと菅野拓君です。劉さんは着色コンクリートの研究をしていたことがあり、また菅野君は面白い研究をしたいとの希望をもっていたため、3人でがんばることにしました。

■ 本当に湿度変化で色が変わるのか

　まず乾いて白っぽい灰色から濡れ色までの、コンクリートの色の変化を調べてみようということになりました。さて色の変化をどのように測るかです。幸い灰色は無彩色です。有彩色のような赤とか青とかいういわゆる色がありません。あるのは明るいとか暗いといった明度だけです。そうすると話は簡単で色差計で明度変化を測ればよいことになります。

　早速そのための準備に取り掛かりました。試験体は本物のコンクリートだと骨材があり面倒なので、セメントペースト（水セメント比：40%, 30%, 22%）とし、円形の型枠に打ち込み、写真2に示すように薄くスライスしたものを用いました。半月状としてあるのは単に立たせておくための配慮です。これを表2に示すいろいろな飽和塩溶液で調湿したデシケータ内に静置しました。こう書くと簡単そうに見えますが、セメントペーストの水分状態が安定するまで待たなければならないので、意外と根性を要する大変な作業でした。そして実験は、一度絶乾燥してからデシケータに入れたものと、逆に十分濡らした後でデシケータに入れたものの、2系列で行いました。

写真2　塩類の飽和水溶液で調湿したデシケータとセメントペースト試験体

　図1が測定結果です。乾いた環境下ではセメントペーストは白っぽく明度も高いです。しかし湿度の高い環境下では予想通り明度が下がってきます。要すれば少しずつ暗くなってゆくのです。ただこの図を見て気づかれると思いますが、乾いたものを湿らせて行く過程と濡れたものを乾かして行く過程とでは、途中が同じではありません。

表 2 各湿度環境を作るための飽和水溶液

相対湿度	調湿方法
0 %	105℃、24 時間→常温
8 %	$SiO_2 \cdot nH_2O$
33 %	$MgCl_2 \cdot 6H_2O$ 飽和水溶液
55 %	$Mg(NO_3)_2 \cdot 6H_2O$ 飽和水溶液
75 %	$NaCl$ 飽和水溶液
85 %	KCl 飽和水溶液
93 %	KNO_2 飽和水溶液
98 %	K_2SO_4 飽和水溶液
100 %	吸水後→表面水除去

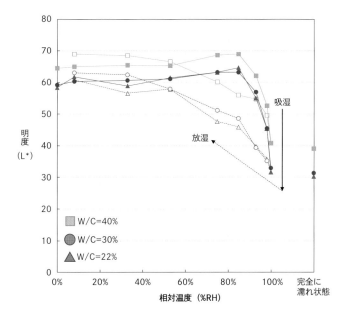

図 1　明度と湿度との関係

　湿らせて行くときは湿度が 85% 位まではそれほど明度は変わらず、それを超えると急激に下がります。逆に一度濡れていたものを乾かして行く時は、割と素直に環境湿度に対応して明度が上昇します。

建物でいうと、乾いた状態のコンクリートの色は、湿度が高くなっても結構長い間明るい色を保っており、雨模様になり相当湿度が高くなってから暗い色になり始め、そして雨が上がり乾燥し始めると割と素直に明るい色に戻ってゆく、こんなイメージです。そしてこの結果を見ると、コンクリートの色がダイナミックに変わるのは、明らかに高い湿度領域です。季節で云えば、梅雨の時期か秋の長雨の湿度の高い日が続く時期です。高湿度域のわずかな湿度変化が、微妙にコンクリートの明度を変えている、雨の多い国ならではの、打ち放しコンクリートの密やかな演出です。

▌コンクリートの色の変化は吸脱着曲線に似ている

　ところでこの図を見て何かに似ているな、と気づかれた方も多いと思います。そうです、いわゆるコンクリートの吸脱着曲線です。我々の使った試験体の水分の吸脱着はどうなっているのか。早速データをとってみました。図2は各湿度環境下での平衡含水率＊の測定結果です。下側の線は、絶乾状態からの吸湿過程での変化です。周りの湿度が高まるに従い含水率は上昇します。そして完全に濡れると最大になります。当然水セメント比の影響があり、水セメント比の大きい試験体では平衡含水率が高くなります。理由は水セメント比の大きい試験体では内部の細孔量が多いため、水を貯めこむ空隙が多いからです。

　さて次はこれを乾燥させていった時どうなるかです。これは上方の破線で示してあります。周りの湿度が低下するに従い、水を放出し始めます。ただ一度貯めこんだ水は余程離したくないらしく、低下は緩慢となります。そして今回の実験では、最も低湿 8%RH の時でも平衡含水率は約 7%wt までにしか下がりませんでした。ちなみに加湿過程での同じ湿度環境下での平衡含水率は約 1%wt でしたから、7%-1%=6%wt 位の水は離さず、内部に隠し持ったままということになります。この辺はコンクリートの専門書に書いてある通りです。

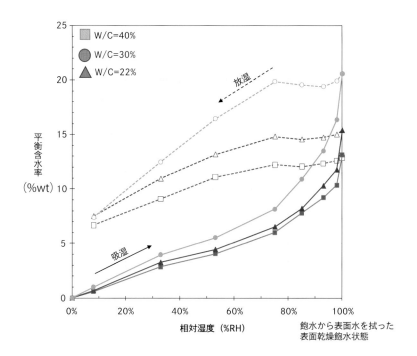

図2　セメントペースト試験体の吸脱着曲線

■ どうしてコンクリートは水を吸脱着するのか

　ここで話が終わってはつまらないので、これがどうしてそうなるかの理
屈の話です。ここからはマニアックな話となるので、興味のある人だけ付
き合ってくだされれば良いです。

　コンクリートが濡れるのは、コンクリートの細孔に水が吸着されるから
です。ただ吸着にはルールがあります。一般に細孔は円筒形と仮定した次
のケルビン式[3]で表されるとのことです。

$$r_k = \frac{2\gamma M\cos\theta}{\rho RT(\ln P/Ps)} \quad\cdots\cdots\cdots(1)$$

（rk：ケルビン半径、γ：表面張力、M：分子量、ρ：液体の密度、
　R：気体定数、T：絶対温度、P/Ps：相対湿度）

この式をいきなり見せられても何のことかわからないと思いますが、意味するところは細い細孔から順番に湿分が凝縮し始めるということです。乱暴な言い方ですが、環境湿度が低い環境下では細い細孔でしか水は凝縮しませんが、湿度が高くなると太い細孔でも凝縮するというイメージです。当然材料全体の含水率は高まることになります。

　コンクリートは前節の「細孔構造の見える化」のところで書いように、空隙は細いものから太いものまで入り組んでたくさん存在しています。従って水セメント比が大きいほど、空隙量が多くなります。ですから水セメント比の大きなコンクリートでは抱え込む水分量が多くなります。このことを踏まえると、先ほどのデータも少しは理解しやすくなったのではないでしょうか。

　さてここからはもう少し面倒な話です。湿度が高くなり順調に水蒸気を吸着し、すべての細孔が満タンになった。それではこれを乾燥環境下に戻すとどうなるかです。本来ならば来た道をたどり素直に元に戻るはずです。ところがこれが違う道に行ってしまうのです。素直に吸着水を放出してくれないのです。

　実はこれもコンクリートを研究している人には常識のとのことであり、理由として細孔が単純な円筒形ではなく、図3に示すようなインクボトル型の細孔もあるからだと説明されています。インク瓶は（今はあまり見なくなりましたが）、口が容器本体より狭くなっています。口のところが狭まっているので、中に閉じ込められた水が外に出にくいことになります。そのため水の脱着は遅れる。このように説明されています。

円筒型細孔

インクボトル型細孔

図3　細孔の円筒型モデルとインクボトル型モデル

▍細孔に水分が吸着するとなぜ明度が変わるか

　ここからは本からの引き写しです。外部からの光（入射光）は物体の表面
に当たると反射します。ところが表面に水膜があると、図4に示すように
もちろん一部は表面で反射しますが、残りは屈折して水の中に入り込みま
す。ただそれは外に出てくることが全く出来なくなるわけではなく、水膜
下の物体表面で反射して表面に向かいます。そして一部が表面から外に出
てゆきます。残りは内部反射によりまた物体表面に向かいます。そしてま
た物体表面で反射して・・・・、という現象が繰り返されます。その度ご
とに減衰が起き、結果として明度が低下します。

　これをセメントペースト内の細孔表面に当てはめて考えると、細孔内に
凝縮水が生じると、入射した光はそこで屈折し、内部に入り込み素直に反
射できなくなる、すなわち入り込んだ光の外部への出方が悪くなります。
環境湿度が高くなると大きい細孔まで凝結するので、水膜量が増え、入り
こんだ光の外へ出る量が減り、明度は下がります。

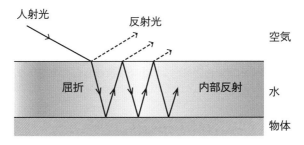

図4　物体が水が吸着した時の光の反射

▍ただ明度変化と水の吸脱着とは微妙に違う

　このように明度の変化も水の吸脱着の結果と思われるので、基本的には
同じ挙動をします。このことは先ほどの図2の吸脱着曲線を上下反対にし
て比較すると納得がゆきます。図5はこのようにして、明度変化と上下反
転させた含水率変化図を並べて示したものです。似ていることを実感して
いただけると思います。

77

ただ似ているとはいえ、両者は微妙に異なります。どのあたりかという
と高湿度領域です。さらに両者の関係を詳細に調べたものが図6です。はっ
きりしたラインがあるわけではありませんが、平衡含水率でいうと8%wt前
後です。すなわち明度が変わるのは、かなり材料内部に水が入ってからと

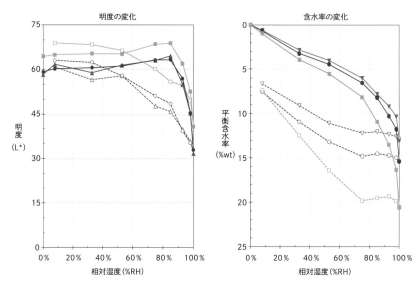

図5　明度変化と含水率変化の比較
（右側の含水率変化図は図2の上下を反転したものである。）

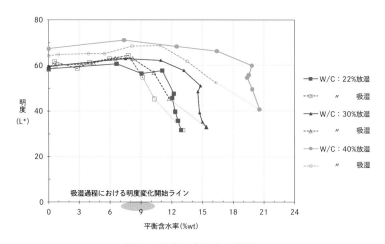

図6　明度と含水率の関係

いうことになります。ある程度大きい細孔まで凝結水が出現してくれない
と明度は変化してくれないのです。

　もともと明度変化は試験体表面に限った現象であるのに対して、水の吸
脱着曲線は試験体内部も含めた全体の変化です。表面だけを観測した物理
量と全体の変化を示す物理量とでは意味が違います。この辺が両者に違い
をもたらす理由ではないか。いろいろ想像をめぐらしますが、本当のとこ
ろは良くわかりません。

▍コンクリートの灰色は生きている

　この程度で、３人がかりの研究をお終いにしました。特に後半の理屈
の部分はかなり想像が混じっています。だからコンクリート表面に吸着した水
量と明度の関係など、ていねいに解明しなければならない課題は山ほど残っ
ています。ただここまでの成果で菅野君は無事修士論文をまとめることがで
きたし、研究室としても何の役に立つかわからない、この研究課題を遂行
するための軍資金も底を尽きました。何よりもここまでの成果で、梅雨時期
の打ち放しコンクリートの日本的風情を楽しむには十分です。コンクリートの
灰色はまさしく生きている。この研究がそのことを改めて教えてくれました。

* 平衡含水率
一定の温度、湿度の空気中において材料の水分量がその雰囲気中で平衡（一定）に達
した状態における含水率。ここではそれを重量含水率で表しています。

参考文献とこれに関して発表した論文

1）色彩図鑑（日本の色と世界の色）カラーセラピーライフ
　https://i-iro.com/dic/rikyunezu
2）日本の色「色彩の和名」https://kotonohaweb.net/color-name-japanese
3）近藤連一：多孔材料－性質と利用：技報堂出版、1986
4）劉 霊芝、菅野 拓、塚越雅幸、田中享二：セメントペーストの表面明度に及ぼす水
　分環境変化の影響；日本建築学会構造系論文集、第75巻、第655号、pp.1595-1600,
　2010.9

7 相手の出方をよく見る。
防水層の耐根性研究が教えてくれたこと

はじめに

　長い間防水の研究をしていて、よもや近しく植物の相手をさせられるとは思ってもみませんでした。どう考えても防水は植物から縁遠い存在です。しいて言えば屋上に土砂がたまり、それに雑草が生えていたといった類の、どちらかといえば迷惑な存在としてのお付き合いでした。

　ただ防水が対象とするフラットルーフは、建築設計の観点からは屋上に地面を作ることです。ですからそこに土を入れて植物を植えれば、緑化屋根となります。学生時代に習ったル・コルビジェの近代建築五原則＊の中でも、屋上緑化が重要な一項目として選ばれています。そうは云うものの、これは近代建築だけの専売特許ではありません。我が国ではそれより前からたくさん素敵な本格的緑化屋根は作られています。現存している最も有名な例は下関にある旧秋田商会（1915 年）の屋上です。（**写真 1**）。東京では朝倉彫塑館（1928-1935 年）も有名です（**写真 2**）。

写真1　旧秋田商会ビルの屋上緑化（下関）

写真2　朝倉彫塑館の屋上緑化（東京）

もちろんこれらではしっかり防水がされています。建設時期から判断して多分アスファルト防水と思いますが、このような樹木を植えこむような本格的緑化では、防水層が裸のままでは危険です。そのため植物の根からしっかりガードできるようにコンクリートで保護されています。

▍防水層の上に直接植栽する緑化システムの登場

　ところが最近、従来型の本格的緑化屋根に加えて、軽やかな緑化システムが登場してきました。発信元はヨーロッパです。これは重いコンクリートを省いて、防水層の上に軽量土壌を置き、小型の植物、芝生やセダムといった草木類を植えこむ緑化のやり方です。

　屋上が重いと、柱・梁といった構造部材に負担がかかります。屋上は少しでも軽くしたいのです。ちなみにコンクリートは、保護層として必要な厚さ80mmの場合でも200kg／㎡近くになります。だから保護コンクリートの上に普通の土壌を用いて芝生を植えると、全体で400〜450kg／㎡位になります。これが最近のコンクリート層を省いた軽量人工土壌の緑化システムでは全体で150kg／㎡と、一気に軽くなります。さらに進化した薄層緑化システムでは60kg／㎡と、構造設計者の方が喜びたくなるくらいのわずかな荷重負担ですむことになります。

▍防水の観点からは、緑化は怖い

　構造設計者からは結構づくしの緑化ですが、これは防水の側からみるととんでもない大事件となります。今まで雨しか相手にしてこなかった防水層が、植物の根という新たな敵も相手にしなければならなくなるからです。やわな防水層では対抗できません。昔の緑化で重いコンクリートを防水層の上に敷設した理由も、このような事態になるとよくわかります。

　これがなければどうなるかです。写真3は丸い孔のたくさん開いたパンチングメタルで作った容器の内側にアスファルト防水層を敷設し、クマザサと芝を植えこみ様子を見たものです。両者共防水にとっては強敵です。

これらの地下茎が槍のように突き刺さるからです。案の定、試験開始後わずか数か月で防水層はあっさりと突き破られてしまいました。

　地下茎を槍に例えたのには理由があります。研究の最初の頃、地下茎がどのように、どのくらいの伸びるかを調べたことがあります。その測定結果をみると、納得してもらえると思います。写真4は春先にクマザサを植え、ひと夏越した状況です。ざっと1m位伸びていました。さらに地下茎の先端はとがっています。これは槍そっくりと思いませんか？

　そしてこれがどのような勢いで伸びてきたのかを示したのが図1です。5月頃から測定域に地下茎の先端が到達したので、その日から毎日長さを測り続けました。そしてまたまた驚きました。すごい勢いで伸び続けるのです。ざっと1日約3㎜です。ただ9月半ばになるとピタッと止まりました。槍の名手は引き際もあざやかです。

クマザサ

ノシバ

写真3　地下茎はやわな防水層を突き破る

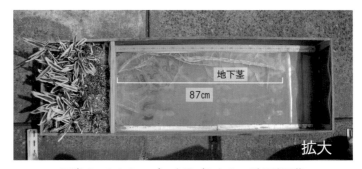
写真4　ひとシーズンを過ごしたクマザサ地下茎

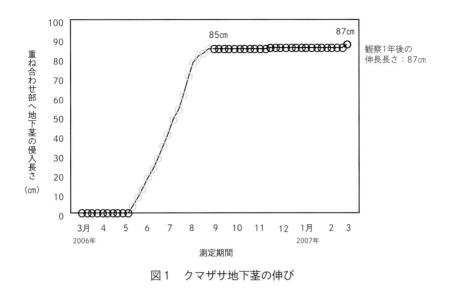

図1　クマザサ地下茎の伸び

▌防水層を突き破ろうとする力をどう測るか

　実際の建物では、この地下茎の先端が最後に建築部位に突き当たります。そして突き当り先が防水層ならばそれを突き破るに違いありません。なにせクマザサは腕の立つ槍の使い手なのです。守備側の防水の立場ではその突き破ろうとする力を知る必要があります。

　ただ力をどう測ればよいのだろうか？ここからクマザサとのだましあいが始まりました。実はこの研究と並行して、建築学会でも先ほどのパンチングメタル容器を用いた防水層の耐根性検討委員会が組織されていて、試験方法の検討作業が進められていました。そしてそこには園芸のプロの方も数名参加してくださっていて、そのなかのおひとりが、植物の根系 ** は水分と栄養分を求めて伸びるのですよと教えてくださったのです。

　それならそれを餌にクマザサの先端をだまして我々の側に呼び込み、そこに防水層を押し付ける力を測る仕組みを取り付ければよいのではないか、そう考えて作ったのが**写真5**と**図2**に示す装置です。

　仕組みはこうです。まずクマザサの先端をメガホンのような形の円錐ガ

イドの中に呼び込みます。それだけでは逃げてしまうかもしれないので、先ほどのアドバイスに従って、前方に湿った土壌を餌として設置します。そうするとクマザサは水が欲しいので、それを目指して伸びてくるに違いありません。その途中に力を測定する道具、ロードセルを組み込んでおきます。念のため、ロードセルに取り付けられた地下茎先端の受け板に、小さな孔を開けておきます。小さな孔は、地下茎は引っかかりますが、餌となる水分は移動出来るようにするための工夫です。こう書くと、あっさりと測定装置が出来たかのように思われるかもしれませんが、実は失敗の連続でした。当時研究室の修士課程の学生さんだった石原沙織さん（現在は千葉工業大学准教授として活躍中）と共に試作1号機を作ったのは2002年ですが、何とか測定できるようになるまでほぼ3年を要しました。

写真5
地下茎先端の押しつけ力測定装置

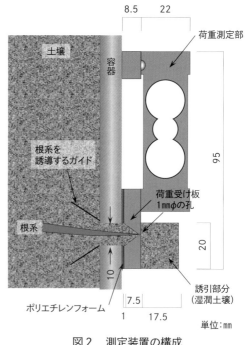

図2　測定装置の構成

クマザサ先端の押し付け力

　やっとクマザサを手なずけることが出来、データが取れたのは 2005 年で
す。試作何号機目かは忘れましたが、4 月の末に植え込んだクマザサの先
端が 5 月の半ば過ぎになってやっと受け板に到達したらしく、ロードセル
の出力が観測されはじめました。今回もまた失敗だったかと半ばあきらめ
かかっていた時だったので、冷静さを装っていましたが、内心は飛び上が
るほど嬉しかったです。やっとクマザサの地下茎を捕まえた！

　図 3 が測定結果です。クマザサの先端の押し付け力は右肩上がりで上昇
し続けました。そして 6 月の初旬には 9.8N（約 1kgf）を記録しました。その
先もさらに上昇しそうでしたが、ここで測定を打ち切りました。実は植物
の根系の力はたいしたものではないだろうと高をくくって、測定許容荷重
の低いロードセル（そのかわり感度は良い）を使用していたからです。とこ
ろが観測されたのは、なんと想像をはるかに超える力でした。

　ちなみにこれがどの位かをイメージしてもらうために、いつも次のよう
に説明させてもらっています。まずは地下茎先端の形状からです。それは
写真 6 に示すように爪楊枝の先端と類似しています。ですから「爪楊枝の先
を水で濡らし少し柔らかくして、それを自分の手のひら立て、1 ℓ の水の
入ったペットボトルをその上に載せてください。」とお願いしています。私

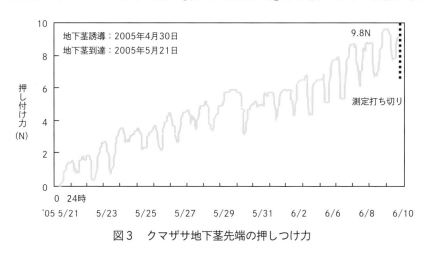

図3　クマザサ地下茎先端の押しつけ力

85

も実際にやってみましたが、結構痛いです。この力が防水層にかかるのです。やわな防水層では、地下茎先端が簡単に突き抜けてしまうのは当然ということになります。

　ついでにこの力の測定を通して、見つけたことがあります。脈動しているのです。昼間は低く、夜に高くなります。そして全体的に右肩上がりになっています。当初はこの脈動の正体がなんであるのか皆目見当もつきませんでしたが、植物学の本を読んで思い当たったのが、葉の裏側にある気孔の存在です。これとの連動ではないかと思ったのです。植物は根が吸い上げた水を、日中はここから蒸散させます。そして夜は閉じます。根は昼夜関係なく水を吸いあげます。そのため水の出口が閉まっている夜間には、それが植物内部に溜まり、強い力と化すのです。昼は水を気孔から排出するため力は弱まります。このようなことをイメージしてデータを読むと、まさしくその通りです。クマザサは夜に血圧（？）が上がり、昼間は下がる。我々人間とは反対です。ただこの話は防水層の耐根性評価とは全く関係はありません。防水の観点からは何の役にも立ちませんが、測定をして見ると以外なことも解かり、「お前も結構大変だな」と植物の気持ちにしみじみと寄り添うことができます。

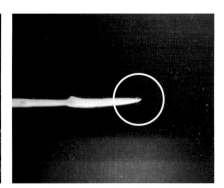

　　　　クマザサ　　　　　　　　　　　　ノシバ

写真6　クマザサとノシバの地下茎先端

防水層の耐根性評価

さてここまででクマザサの地下茎の押しつけ力を知ることができたので、私としては満足であり、この研究を終わりにしようと思いました。ただ工学研究では、成果が具体的に何の役に立つのかも説明しなければならないというのが、最近の大学研究者に対する圧力です。個人的には何の役に立たなくても構わないではないかと思いますが、研究所という職場に勤務している以上そうも云っていられません。そのため次の作業に取り掛かりました。ここからは、当時研究室の留学生だった表淳珠君との共同作業です。

実は防水層の耐根性評価のために、先ほどの建築学会の委員会では写真7に示すような、実際の植物を用いた試験方法を提示していました。[1]だから原則耐根性を評価することができます。ただこれはやろうとすると結構大変で、何よりもまず植物を元気に育て続ける必要があります。テレビ番組「趣味の園芸」の世界です。植物がしおれてしまうと根系もダウンしてしまうため、試験にならないからです。また結果の出るまでに時間がかかります。これも実務ではつらいところです。完成した緑化システムの防水層の試験ですと、一回だけなので我慢できるかもしれませんが、防水材料開発の実務の一線にいる立場のひとにとっては、長時間待つことはゆるされません。すぐ結果を知り次の改良に取り掛かりたいはずです。そう考えて植物を使わずに評価の可能な試験方法を検討しました。

写真7　植物を用いた防水層の耐根性試験

▌簡便な防水層の耐根性評価試験装置

　写真8が作り上げた試験装置です。基本的には針が防水層に突きささる
イメージです。この時先端の形状が重要で、先ほどの**写真6**に似せて、先
端を少し丸く（0.5mmφ）した直径2mmの鋼針としました。これを防水層に押
し付けるように力を加えます。一方力を受ける防水層側ですが、防水層を3
mmφの貫通孔のある鋼板で挟み込みました。できるだけ局部的に力をかけ
るための配慮です。

　これを力学試験機に取り付けて加力すると、当たり前ですが荷重増加に
伴い防水層は変形し始めます。そして柔らかにもの、薄いものでは途中で
貫通します。試験ですから力を加え続ければ、いずれ貫通しますが、問題
は防水層がどの程度の加力に耐えれば良いかです。我々の測定では10Nで
したが、その後の石原先生等の測定で、タケの地下茎で20Nという値が観
測されたとのことです。このようなことを踏まえると、評価には安全をみ
て50N、個人的にはこの辺が最低値かなと思います。すべての防水層につ
いて調べたわけではありませんが、普通の防水層では結構つらい数値だと
思います。

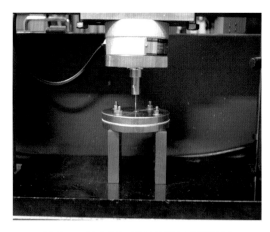

写真8　防水層の耐根性評価試験装置

▌シート接合部の耐根性評価試験装置

　ここまでで原則防水層の耐根性を調べることができるようになりました。ただシート防水層ではシート同士の接合部があります。根系はそこにも潜り込もうとします。そしてその部分の強度が弱いと、**写真9**に示すように接合部に入り込み防水層の裏側に回り込みます。そして水みちを作ります。そのためこれも防水層の欠陥となります。この部分の耐根性も見ておかねばならない。ということで、シート防水層接合部の耐根性を調べる試験方法も考えることになりました。

　写真10が作り上げた試験装置です。攻める側の模擬針は同じです。ただこれを受ける側はシート防水層の接合部を模擬しなければなりません。そのため2枚のシートを重ね長さ50mmで接着し、耳の部分を左右に開き固定台に取り付けます。（この時の左右の固定台の隙間の寸法がノウハウになりますが、おおよそ、模擬針の直径2mm＋シートの厚さ＋余裕寸法1mm位にすると具合がよかったです。）実際に試験をすると模擬針はどんどん接合部に入り込みますが、深く入り込むに従い負荷荷重が大きくなります。そしてこれの耐根性の評価ですが、先端が10mm潜り込んだ時の荷重で判断で

写真9　シート防水層の接合部への
　　　　根系の侵入

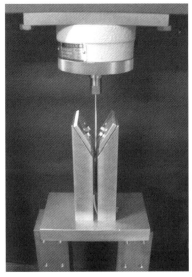

写真10　シート防水層接合部の耐根
　　　　性評価試験装置

きそうで、別途実際のクマザサで行ったシート防水層接合部の実験結果と比較してみました。そしてその値が 20N 以上ならばギリギリ大丈夫そうというのが、今の時点の判断です。結局試験結果の評価としては、これも安全を見て 50N 位が目安かなと思います。今までの測定の押しつけ力のチャンピオンデータは 20N でしたから、そう的外れではないと思います。

▌ 相手の出方をじっくり見る

　ここまでたどり着いて、やっとクマザサとの長いつきあいが終わりました。動物と違って植物は反応が遅く、しかも無言なので、相手の考えていることが分からず苦労しましたが、なんとか結末を迎えることができました。時間をかけてじっくり相手と付き合うと、何となく対応の仕方が見えてきます。とにかく「相手の出方をじっくりと見る」、これを植物相手の研究が教えてくれました。

＊ル・コルビジェの近代建築五原則：西洋の伝統的な組積造に対するアンチテーゼとして提唱された、近代建築を定義づける 5 つの項目であり、「ピロティ」、「屋上緑化」、「自由な平面」、「自由な立面」、「水平連続窓」のこと。
＊＊根系：植物体の地下にある部分の総称。

参考文献とこれに関して発表した論文

1)屋上緑化用メンブレン防水工法の耐根性評価試験方法：防水工事標準仕様書 (JASS 8)・同解説；日本建築学会、pp440-468, 2014
2)田中享二、表　淳珠、宮内博之：防水層に対する地下茎先端の押し付け力測定装置の開発と測定結果；日本建築学会構造系論文集、第 602 号、67-71、2006
3)表 淳珠、石原沙織、宮内博之、田中享二：防水層の耐根性評価のための簡便な試験方法の開発；日本建築学会構造系論文集、第 603 号、35-41、2006
4)表 淳珠、宮内博之、田中享二：防水層・耐根シートのジョイント部の耐根性評価のための簡便な試験方法の開発；日本建築学会構造系論文集、第 73 巻、第 623 号、43-48、2008
5)石原沙織、宮内博之、田中享二：緑化防水・耐根シートおよびそれらのジョイント部耐根性の植物を用いた簡便な評価試験方法；日本建築学会構造系論文報告集、第 634 号、pp.2085-2090、2008

研究協力者はどこにでもいる。
根の肥大力研究が教えてくれたこと

はじめに

　植物の根系のもつ恐るべきパワーを実感させられた、前回の耐根性研究の続きです。これら研究成果は一緒に頑張ってくれた学生さん達に建築学会や修士論文、博士論文として発表してもらいましたが発表会の折、ある先生から盛岡に石割り桜という観光スポットがあるのですがご存知ですか、と聞かれました。落雷でできた巨石の割れ目に、桜の種子が入り込み成長して、割れ目を押し広げたのだそうです。**写真1**は仙台で開催された建築学会の時に、盛岡まで足を伸ばし撮影したものです。確かに石の割れ目から立派な桜が育っていました。**写真2**はカンボジアの世界的観光地アンコールワットで写したものです。アンコールワットのすぐ近くにタ・プロームと呼ばれるヒンズー教の寺院がありますが、ここではガジュマルの根がラテライトの組石の間に入り込み、壊すというよりそれを飲み込むように一体化していました。根を撤去すると逆に建物が崩れそうであり、今やこの構築物の主要建築材料の一員と化しています。

写真1　石割桜（盛岡市）

写真2　寺院タ・プロームに入り込んだ
　　　　ガジュマルの根（カンボジア）

このような根の肥大が原因と思われる不具合は身近でもよく見られます。写真3は通りすがりの道で写したものです。街路樹の根がアスファルト舗装を押し上げて、表面にひび割れを生じさせています。写真4は以前勤務していた大学の実験室の出入り口です。我々の研究は外での作業も多かったため、実験室前に鉄筋入りの本格的なコンクリートスラブを自分たちで敷設して、作業スペースとして使っていました。多分重さは1t以上あると思います。もともとは道路との境にある縁石と同じ高さに作ってあったものですが、根が太くなり10cm以上も持ち上げられてました。年々床面の傾きが強くなり作業はしにくくなりましたが、我慢をして使っていました。

　このように根系は地下茎のように先端が突き刺すことの他に、太ることにも関心を払わなければなりません。ということで今度は根の肥大力の話です。この研究の中心となって活躍してくれたのは明石礼代さんと石原沙織さんです。中でも石原さんは緑化防水研究を、現在も精力的に展開してくれています。

写真3　根により持ち上げられた
　　　　アスファルト舗装の歩道

写真4　根の肥大により持ち上げられた
　　　　コンクリートスラブ

■ 根の太る力（肥大力）測定装置

　まず根の太る力の測定法の検討からスタートしました。建築で困るのは根が材料や部材の間に入り込み、その隙間を押し広げてしまうことです。そのような状況を想定すると、根を上下から挟み込み、その間隔を広げよ

うとする力を測ればよいのではないか。そう考えて具体化したのが図1の肥大力測定装置です。根の太さは位置によって異なりますが、とりあえず装置の作りやすさも考慮して直径10㎝程度の根を想定しました。これを上下から二本の横棒で挟み込み、その間の力をビーム型のロードセルで測るという仕組みです。

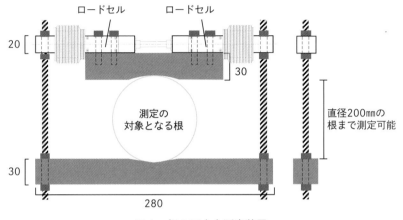

図1　根の肥大力測定装置

まずは練習を兼ねて桜の木の枝で測定

さすがにいきなりこの装置を根に取り付けるのは憚られたので、まずは練習をかねて枝で試運転をすることにしました。うまい具合に我々の実験室の側に桜の木が一本ありました。これは研究所が都内から横浜の新キャンパスに引っ越した折り、当時の研究室の学生さんたちが植樹してくれたものです。それが見事な大木になっていました。これに取り付けて測ってみようということになったのです。研究室の作業はいつも総出ですが、桜の木はまさか自分まで動員されるとは想像もしていなかったと思います。そして写真5が装置の取り付けられた枝です。これを見ながら、子供の頃読んだ漫画「ポパイ」を思い出し、思わずクスリと笑ってしまいました。ポパイはホウレンソウを食べると筋肉がもりもりになるのです。ただ我々の作業はポパイの筋力ではなく桜の木の筋力測定でした。

写真5　枝の肥大力測定

根の太る力の測定

　さていよいよ根です。これが意外にてこずりました。枝の時は外側から眺めて適当な太さのものを見つけて装置を取り付ければよかったのですが、地面の下ではどこに取り付ければよいか、皆目見当がつきません。そのため適当な太さの根を見つけるため、とりあえず木の根元から掘り始めました。そしてもうその段階でめげてしまいました。幹からいきなり太い根が分かれして横に走っているのです。イメージとしては太い枝が地面に横たわっていると思えばよいと思います。その中の一本に目をつけ、直径10cm位の部位に到達するまでひたすら横へ横へ、そして下へ下へと掘り進んで行きました。ただ根系を傷つけてはいけません。ひげ根のようなものもたくさんあります。慎重さが必要です。そのため、いきなりスコップでというわけにはゆかず、小さなショベルで少し掘って根を露出させてはブラシで余計な土を払い落し、そしてまた先に進めるという作業の繰り返しでした。古代遺跡の発掘現場と同じです。

　写真6が苦労して掘り起こした根です。そしてこれに写真7のように肥大力測定装置を取り付けました。桜の木にとっては、枝にとり付けられる位までは何とか我慢できたかもしれませんが、根まで丸裸にされしかも奇妙なものまで取り付けられてしまって、多分耐えられない位不快だったと思います。オネショをして母親に叱られながらパンツを脱がされた男の子

状態にさせられたのですから。

　図2が測定結果です。装置を取り付けたのは3月上旬でしたが、しばらくは何の音沙汰もありませんでした。それが4月に入ってから何となくもぞもぞし始め、5月の半ば過ぎからはっきりと肥大力が観測され始めました。そしてやはり脈動が観測されました。今度はこの脈動の解釈に頭を悩まされることはありませんでした。植物の"血圧"は葉の気孔の開閉とリンクしており、昼間は気孔が開き水分がそこから蒸散され血圧が下がり、逆に夜は気孔を閉じて、根から吸い上げる水分を植物内にため込むため血圧が上がることを、前回の地下茎の測定で理解していたからです。

写真6　丸裸にされたサクラの根

写真7　根に取り付けた肥大力測定装置

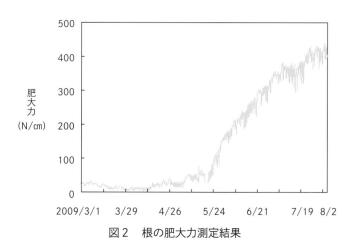
図2　根の肥大力測定結果

95

肥大力はその後も順調に上昇し続けましたが、8月上旬を超えたあたりで頭打ちになり、それ以上は上昇しなくなりました。秋というのには少し早いですが、根の成長が鈍化したのか、桜の木の方でこれ以上力を出すのをあきらめたのか、いずれにしても根の細胞の話なので、植物の専門家ではない筆者にはわかりません。ただ建築の立場から言えば、植物の気持ちとは無関係に、建築部材を破壊する最大の力がわかれば十分なので、測定はここまでとしました。

　そして測定された力はざっと 400 N /㎝でした。測定値の単位が「単位長さ当たりの力」で表記されているのは、測定装置の根と接触する部分が 2㎝で作られているので、2㎝で除しているからです。こう云われても実感がわかないと思いますので、実際の場面を想定して説明しますと、例えば根の長さ 1m の上にものが載っている場面では、その力は計算上 40,000N（約4t）となります。ちなみに普通乗用車の重さは 1t 〜 2t です。これを楽々持ち上げる力です。我々の作ったコンクリートスラブが簡単に持ち上げられたのは、このことを考えれば当然です。

■ 根の肥大の再現装置

　根の肥大おおよその力がわかったので、次にこれを建築で利用できるように、根の肥大を人工的に再現する装置の制作に取りかかりました。コンセプトは油圧（血圧？）で太ろうとする根の再現です。そのため根の断面を模した円形の治具を作り、内部に油圧シリンダーを組み込み上下方向押し上げる仕組みとしました。写真 8 が作り上げた模擬根です。外側が黒いのは、根の外側が多少弾力性をもつため、それを模して厚手のゴムシートが被せられているからです。

　これを調べたい部位に設置し、油圧ジャッキで加圧し肥大力を再現し、試験体の損傷を観察するという試験法です。写真 9 はアスファルト舗装歩道を例として試験をしたものです。路盤材としていろいろの厚さの砂層の上に、厚さ 30㎜のアスファルト舗装を敷設しました。これは実験室内で行っているので、状態も観察出来るように片面を透明アクリル板としています。

写真8　根の肥大による建築部材の
損傷評価試験装置

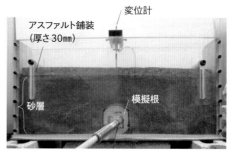

写真9　根の肥大によるアスファルト舗装の
損傷試験状況

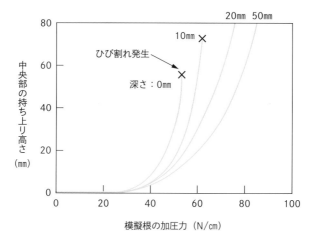

図3　舗装中央部の持ち上がり高さに及ぼす模擬根位置（深さ）の影響

　試験結果を図3に示しますが、模擬根の油圧が上がり40N/cmを超えるあたりから、アスファルトの中央部が持ち上げられ、砂層の薄いものではひび割れが発生しました。実際のアスファルト舗装歩道で見られる損傷とよく似た割れ方でした。

　ということで模擬的な根も作り上げることができました。一応目的を達成したのでこの研究もおしまいとしました。ただ実務との対応でいうと、今のところこの研究の出番は皆無です。普段から歩道や外構には植物の根による不具合をたくさん見るにもかかわらず、どういう訳か一般の関心は低いのです。お年寄（私もそうですが）には歩きにくいし、ベビカーを押し

ている若いお母さん方も難儀しているのに、と不思議に思います。ただこれがクレームとして顕在化すると、建築の側では当然これへの対応が求められ、いずれ問題化すると思います。それまではしばしお休みです。

▌ 研究協力者はどこにでもいる

ところで丸裸にされた桜の木がその後どうなったかです。偉いものです。何事もなかったかのように翌年の春には美しい花をつけてくれました。東工大すずかけ台キャンパスは横浜の北のはずれにありますが、もし訪れる機会があったら、ぜひ見てやってください。ここのキャンパスはオープンで、建物にさえ入らなければ構内の出入り自由です。そしてこの桜は今も春には満開となります。

そしてこの研究を通して、研究の協力者はどこにでもいることを実感しました。今回の例では、我々の実験室のそばの研究室の学生さんたちが記念に植えてくれた桜の木でした。まわりのひとも、動物、植物までも大切にしよう。この研究が教えてくれたことです。

これに関して発表した論文

1) 石原沙織、明石礼代、田中享二：緑化用防水の簡便な耐根性試験方法；日本建築学会大会学術講演梗概集 [A-1],pp.29-30, 2008.9
2) 石原沙織、田中享二：木本類植物としてのサクラの根の肥大力と肥大量の測定：日本建築学会構造系論文集、第74巻、第640号、pp.1013-1018, 2009.6
3) 石原沙織、田中享二：木本類植物の根の肥大力生長を対象とした模擬根の開発と屋上緑化で用いられる部材の耐根性評価へのいくつかの適用；日本建築学会構造系論文集、第76巻、第660号、pp.237-244, 2011.2

9 何事も我慢が大事
駐車場防水研究が教えてくれたこと

▌ はじめに

　スーパーマーケットやホームセンターに車で行かれる方は、屋上駐車場を利用されたことがあると思います。これらの建物では来店者の商品の買い求めやすさのために、上下への移動を少なくすることが求められます。そのため多くは高層化せず二、三階建ての低層の建物となります。合わせて車での来店者のための十分な駐車場スペースも必要とされます。そして都市部や都市近郊では、それらはよく屋上に作られます。屋上は広くひたすら平らで、駐車場にうってつけだからです。

▌ 新しいタイプの駐車場防水層の出現

　もちろん屋上駐車場は以前からありましたが、それらは図1に示すように防水層の上に、保護としてしっかりとしたコンクリート層が敷設されていました。なにせ重量物がその上を走り回るのです。普通の防水層では表面から削り取られてしまいます。これが長い間、駐車場防水の標準でした。

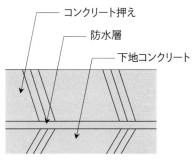

図1　従来型の駐車場防水

ただ問題がありました。重いのです。コンクリートの重量は 2.3t/㎥位なので、舗装層の厚さを 10cmとすると 0.23t/㎡となります。ちなみに車の重量はもちろん車種によって違いますが、普通の中型乗用車では大体 2t、車の占有面積を 2 × 4m を仮定すると、面積当たりざっと 0.25t/㎡なり、ほぼ車 1 台分に匹敵するのです。

　ですからこれを省略することができれば、荷重負担を大幅に低減できます。そうすると構造的に楽になり柱、梁の断面を小さくすることができ、さらに施工面でもコンクリートの打設作業がなくなるため、建物コスト低減に大いに役に立つことになります。このようなことが背景となり開発されたのが、写真 1、2 に示すいわゆる軽量型の駐車場防水です。それは図 2 に示すように、防水層(耐摩耗性に優れていれば何の防水層でもよいのですが、目下のところ下地との密着性のよいウレタン防水層、FRP 防水層が多く使用されています。)の上に、雨の日でも車が滑らないようにするため、砂を樹脂で固めた防滑層が乗るという構成となっています。砂が使われるのはタイヤのグリップ性を高めるためで、駐車場では重要なポイントとなります。そして荷重も約 0.01t/㎡ (10kg /㎡) と一気に軽くなります。

写真 1　駐車場防水層

写真 2　屋上駐車場の全景
(右側のランプから屋上に上がる。)

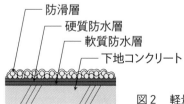

図 2　軽量型の駐車場防水の例

▌新しいタイプの駐車場防水層の弱点

　さてこの駐車場防水ですが、やはり弱点があります。次に**写真3**と**写真4**を見てください。前者は防滑層がタイヤとの摩耗で消失し、防水層が露出した状態、後者はさらに損傷が進み防水層も摩耗し、ついには下地スラブまでも露出してしまった状態です。そしてこのような損傷は**写真5**に見られるように、車両の旋回する所に特に多く見られます。この写真は上階に上るためのランプの途中の、ハンドルが切られ続けている場所です。屋上の平場でも駐車のためにハンドルを切り返すところに同様な損傷が発生します。使っているうちにこのような損傷が出てしまうというのが、軽量型駐車場防水層の現在の実力です。どうしても途中でメンテナンスのための改修作業が必要となります。そのためには損傷に対する抵抗性を事前に知っておく必要があります。このようなことを背景とし、研究室では駐車場防水の研究を始めることになりました。この研究には香川英司君と、池田学君、そしてなによりも装置設計と製作を担当してくれた、当時私の勤

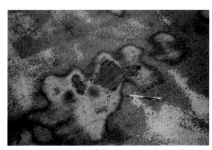

写真3　防滑層が磨滅し、防水層が露出

写真4　防水層までも摩耗し、
　　　　下地スラブが露出

写真5　駐車場防水の損傷は車の旋回
　　　　するところに多発する、

務していた研究所のマシンショップのリーダーであった石井元さんの貢献
が大きかったです。

▌駐車場防水が削り取られる理由

　そもそも、なぜ駐車場防水層が削り取られるかといえば、タイヤが表面を
こするからです。ただこの時、程よい摩擦力が生じ、我々は車を制御し前
進させることができます。つるつるの表面ではタイヤは空回りするだけで、
制御不能に陥るのはそのためです。ただ車は基本的に、直進時に滑らかに
走るように作られています。しかし車は必ずどこかで曲がらなければなり
ません。そのためハンドルをきり、車輪の方向を変えます。その時、路面
との間に大きな摩擦力、コーナリングフォースが発生するのです。このカー
ブを曲がる時の状態を示したのが図3です。

　この摩擦力がどのくらいか運転席にいてはわかりませんが、数トンの物
体の方向を変えようとするのだから、これが相当な力になることは想像に
難くありません。この時の力は車軸にタイヤをつけて人力で押してみると
実感できます。直進ならば小さな子供でも軽い力でコロコロと転がります
が、少しでも角度をつけると突然重くなります。筆者も実際にやってみま
したがとんでもない力を要しました。単純にいうと、消しゴムで路面をこ
する感覚といえばわかるでしょうか。

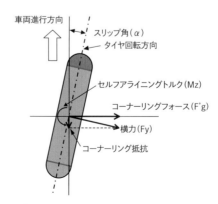

図3　カーブを曲がる時に生じるコーナリングフォース

タイヤが苦労しているということは、路面（駐車場防水層）も反力として同じ力を受けていることになります。なにせ滑らないように砂粒までも組み込んであるのです。ですから摩耗するのです。路面が強固ならばタイヤの方が多く摩耗し、路面が「やわ」だと路面が削り取られます。いずれにしてもタイヤも路面も自らの身を削りながら、我々のわがままを聞いてくれているのです。

■ コーナリングフォースはどのくらいか？

　さてこのコーナリングフォースです。これがどの位なのか？実はタイヤ工学の分野は研究が非常に進んでいて、理論式[1] が作られており推定が可能です。長くて恐縮ですが、参考までに掲載しました。コーナリングフォース F'_y はこの様な式で表すことができるのだそうです。

$$F'_y = F_y \cos \alpha$$

$$F_y = C_y l_h^2 \omega \left[\frac{1}{2} \tan \alpha - \left(\frac{\delta}{C_y} + \frac{4l^2}{3\gamma^2 G'_y} \right) \frac{F_y}{l} \left(\frac{1}{2} - \frac{l_h}{3l} \right) \right]$$
$$+ \frac{n+1}{n} \frac{2^n F_z \mu_d}{l^{n+1}} \left[\left(\frac{1}{2} \right)^n (l - l_h) - \frac{1}{n+1} \left\{ \left(\frac{l}{2} \right)^{n+1} - \left(l_h - \frac{l}{2} \right)^{n+1} \right\} \right]$$

$$\text{ここに} \quad \mu_d = \mu_0 - a \frac{l V}{l_h - l} \sin \alpha \quad \text{(a: 係数)}$$

　この式のなかに中型の乗用車のタイヤを想定した**表1**に示す値を代入し、コンクリート（動摩擦係数 $\mu_0 = 0.8$）とウレタンゴム駐車場防水層（$\mu_0 = 1.1$）について、スリップ角 * を変えてコーナリングフォースを計算したのが**図4**です。スリップ角12度までの範囲では、スリップ角が大きくなるに従ってコーナリングフォースは増加しますが、その増加量は緩慢になります。また軽量型駐車場防水層の方がコンクリートに比べてその値が高いのは、滑り防止のため付けられている砂粒のせいです。

表1　計算に用いた各種定数と数値

G'y	タイヤボディ横剛性	24.5N/mm²
Cy	タイヤの横ばね定数	8.4N/mm²
V	タイヤの進行速度	8km/h
γ	有効転がり半径	270mm
ℓ	タイヤ接地長さ	100mm
ω	タイヤ接地幅	120mm
Fz	タイヤ荷重	2.94kN (300kg) 4.90kN (500kg)
α	タイヤのスリップ角	0 ～ 12deg
n	タイヤの設置圧分布より得られた定数	4
a	係数	0.005h/km
δ	路面の材料定数	24
μ0	動摩擦係数	コンクリート (0.8)，ウレタンゴム (1.1)

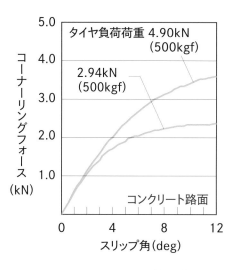 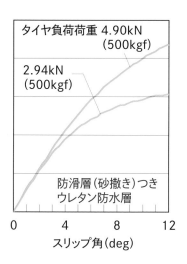

図4　スリップ角を変えた時のコーナリングフォース

▍損傷試験機

　ここからは、これまでの知見をもとに試作した駐車場防水層の損傷を再現させる試験機の話です。目標は車両のカーブ時の走行状態の再現です。この時のタイヤは進行方向に対して角度をもって横滑りしています。そのため試験機はタイヤの回転方向を、進行方向とスリップ角に相当する振れ角を与え、それを強制的に直進させることにより、横方向の力を生じさせることとしました。さらに我々の実験室は狭かったので、直進運動を前後に繰り返す仕組みとして装置の専有面積の小面積化を図りました。

　作り上げた防水層損傷試験機が**写真6**、**図5**です。図中のタイヤ部分がクランク機構により前後に動きます。その走行路面の一部に、対象とする試験体の駐車場防水層を組みこみます。そしてタイヤは左図で分かるように、進行方向に対してわずかに振れ角（この装置では4度）をもって取り付けられています。ここがこの装置の重要なポイントです。振れ角がなければタイヤは音もなく回転しますが、わずかでも振れ角をつけると、とたんに急ブレーキをかけた時のような「キィィィー」という摩擦音が発生します。この甲高い音は、外部の仕事から研究室に戻ってくる時、キャンパスの入り口あたりから聞こえていたので、他の研究室にとっては大変迷惑だったと思います。ただこの音が聞こえると、試験機が順調に動いているぞ、学生さんが一生懸命試験をしているぞということが遠くからわかり、当時のわたしにとってはホットさせてくれる安心音でした。

　さてこの試験機が当初計画したとおりのものであるかについてですが、試験機の一部に横方向力測定のためのロードセルを取り付け、コーナリングフォースを確認しました。**図6**が測定結果の一部ですが、実測値はほぼ計算値どおりでした。

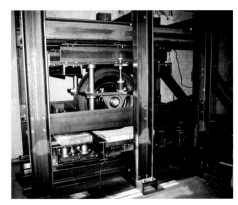

写真6　駐車場防水層損傷試験機

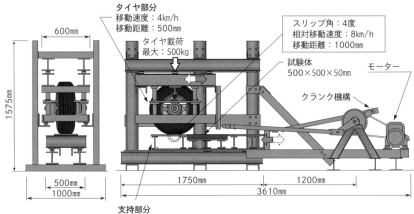

タイヤ部分
移動速度：4km/h
移動距離：500㎜

タイヤ載荷
最大：500kg

600mm

1575mm

500mm
1000mm

スリップ角：4度
相対移動速度：8km/h
移動距離：1000mm

試験体
500×500×50mm

モーター

クランク機構

1750mm　　　1200mm
3610mm

支持部分
移動速度：4km/h
移動距離：500㎜

図5　駐車場防水層損傷試験機

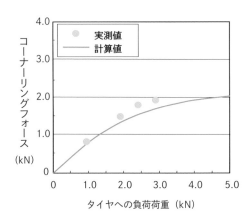

図6　コーナリングフォースの
実測値と計算値の比較

■ いくつかの駐車場防水層の試験結果

　試験体はコンクリート歩道板の上に駐車場防水層を模したものとし、これを装置のタイヤ走行部に取り付けました。タイヤへの負荷荷重ですが、300kgf（約3kN）としました。普通乗用車の重量は1〜2t位なので、1個のタイヤはそのざっと1/4を負担することになります。これが装置のクランク機構により試験体の上を前後に動きます。この時の走行速度は駐車場内のカーブ走行速度を想定し、相対移動速度を時速8km/hとしました。**写真7**はいくつかの水準で用意された駐車場防水の試験結果です。左写真は軟質ウレタン防水層だけ（普通は用いられない）のものです。4000回走行で、当然ながら摩滅してしまいました。中央写真は下層に軟質ウレタン、その上に薄い硬質ウレタンをかぶせた試験体です。表層が薄いため早い時期に上層のみがタイヤ走行面に沿って割れてしまいました。右写真は表層の硬質ウレタン層を厚くした試験体です。これは10万回の走行に耐えました。ただ表層にわずかですが、ひび割れの発生が見られました。なお写真はありませんが、硬質ウレタン層を充分厚くした駐車場防水層では、10万回走行でもわずかなタイヤの痕跡程度で目立った損傷はありませんでした。

摩耗損傷　　　　　　　　　剥離損傷　　　　　　　　　ひび割れ発生

写真7　いくつかの駐車場防水層の損傷試験結果

▌駐車場防水層としての評価

　とりあえず損傷試験機は出来上がりましたが、性能評価の観点からは試験機と評価方法の両者がそろって初めて役に立ちます。損傷試験機が出来ただけではまだ不十分です。もちろん目視観察でもよいのですが、目視は観察者によって評価の異なることが多く、できればもっとはっきりとした指標を示したい、そう考えて駐車場防水層の評価法についての研究に作業を進めることにしました。

　駐車場に用いられる防水層は、実は二つの役割を担わされています。ひとつは当たり前であるが防水です。今ひとつが車両走行路面としての役割です。そして路面として最も重要な性能は滑らないことです。安全性と直結するからです。ですから砂粒を散布して、砂粒の凸凹によりタイヤが滑らないようにしています。ところがたくさんの車両が通過すると表面から摩耗します。**写真8**は試験中の駐車場防水の表面の状態です。防滑層としての砂粒の凸部が削り取られて平らになっています。その結果滑りやすくなります。ということで防滑性を評価の尺度とすることにしました。

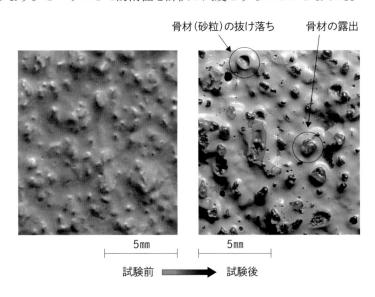

写真8　損傷試験前後の防滑層表面の変化

駐車場防水層表面の防滑性測定装置

前述のとおりタイヤの路面に対する抵抗は、タイヤを進行方向に対して
わずかでも角度をつけることにより生じます。ですからこの状態の滑り抵
抗を測定すればよいことになります。先ほどの損傷試験機の一部に力測定
のためのロードセルを組み込むことも考えましたが、複雑な機構をもつ試
験機内部への取り付けは大変と思われたので、別途防滑性測定装置を作る
ことにしました。

コンセプトは簡単で、図7に示すようにまずタイヤが円形に回る仕組み
を作り、そのアームにロードセルをとりつけコーナリングフォースを測定
するというものです。そしてタイヤにはスリップ角をつけておきます。写
真9が作り上げた防滑性評価試験装置です。タイヤの内側に鉄の円盤が数
枚取付けられていますが、これは車両の重量をタイヤに負荷するためです。

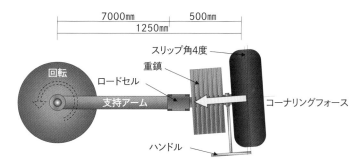

図7　防滑性評価試験装置

写真9　防滑性評価試験装置

つぎにタイヤの駆動ですが、これは人力としました。もちろんモーター駆動にしたかったのですが、当時は研究室の学生さんの人数が多く、研究費が不足しており、担当者には「悪いけど人力でお願い」ということで研究室経済に協力してもらいました。繰り返しになりますが、非常に目の粗い紙やすりの上を消しゴムでこする作業です。大変な体力勝負だったと思います。

▌試験結果

　測定作業ですが、タイヤの移動速度は 1km/h としました。（この研究全体ではカーブ走行時の速度を 8km/h と想定して作業を進めていますが、何せ人力なので無理は言えませんでした。ちなみにコーナリングフォースレベルでは 8km/h 時の約 8 割位の数値と思ってもらえればよいと思います）。またタイヤ への荷重ですが、500kgはさすがにつらいのでこれも 200kgに負けてもらいました（コーナリングフォースレベルでは 4 割程度の数値となります。）そのため全体としてはかなり甘めの結果であること前提としてみていただきたいと思います。

　さて結果です。図 8 に示すように駐車場防水層の初期のコーナリングフォースはざっと 0.94kN ですが、損傷試験機で繰り返し走行を行うことにより徐々に低下し、20 万回走行では 0.86kN と 1 割程度低下しました。滑りやすくなったということです。また、たまたま 1 年間屋外暴露した試料があったので、加えてそれも測定してみると 0.77kN であり、かなり滑りやすくなっていました。砂粒固定に有機材料が使われているので、ウェザリングの影響を受け弱くなったためと思います。そのため実務では必ずウェザリングの影響を考慮して評価すべきと思います。

　ついでに雨の日のことも気になるので、新品ですが試料の上に水を撒きその影響を調べてみました。図 9 に結果を示しますが、乾燥時のコーナリングフォース 0.94kN に比べて 0.68kN と低下し、明らかに滑りやすくなっています。ただ比較のために測定したコンクリート路面の場合は 0.48kN で

あり、それに比べるとまだ高い値を保持しています。さすがに駐車場防水と銘打つだけのことはあります。

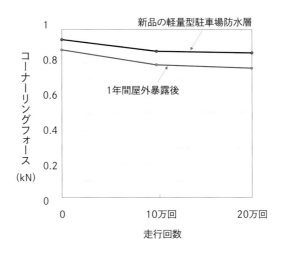

図8　屋外での劣化の影響

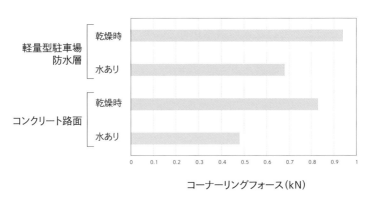

コーナーリングフォース(kN)

図9　路面乾燥時と濡れている時のカーナリングフォース

▌何事も我慢が大事

　この研究を終えてからというものはF-1レースを見るのがつらくなりました。レーシングカーが急発進する時、煙が出ているのす。そして運転中のドライバーの手を見ると、加速と減速が絶えず繰り返され、ハンドルもこまめに動かされています。ということはそのたびにタイヤと路面の間には

大きな摩擦力が生じているはずです。レース途中でタイヤ交換が必要になるのは当然です。もしレース場の路面が駐車場防水層だったら、これも途中での全面交換が必要になると思います。F-1はドライバーにとって過酷なレースですが、タイヤと路面にとっても超過酷です。そしてこれの縮小版が駐車場防水です。屋上の駐車場防水層も、そして相手方のタイヤもこの過酷な摩擦力に耐えています。そう思うとそのけなげさに頭が下がります。ひたすら我慢することの大事さを教えてくれます。振り返ってみれば、この研究も我慢の連続でした。

　ところでこの研究が役に立ったかどうかですが、もともとニーズがあって取り組んだ研究であるので、役に立ちました。あるメーカーでは我々の図面をもとにこれと同じ試験機をコピー製作して、自社の材料開発に活用してくれました。研究室でも試験依頼を数回受けました。ただ研究室は手狭で、次の学生さんの研究のスペースを準備する必要があります。場所をとって邪魔で困ったなと思っていた時、幸い建材試験センターに試験依頼があったとのことで、友人の清水市郎さんが引き取ってくれました。ただ途中から見なくなりました。多分試験が終わったのだろうと思います。短い期間であったかもしれませんが、役に立ったのだと思います。

＊スリップ角

ハンドルを切ったことによるタイヤの向きと、車両旋回中のタイヤの進行方向とは前出の図3に示されるように、実は一致していません。その時の両者間の角度のこと。横すべり角ともよばれます。

参考文献とこれに関して発表した論文

1）酒井秀雄：タイヤ工学；グランプリ出版、1987
2）田中享二、香川英司、宮内博之：駐車場防水層の車両走行による損傷試験装置の開発；日本建築学会構造系論文集、第528号、pp.21-26、2000.2
3）田中享二、池田学、石井元：駐車場防水層の車両走行による防滑性変化の評価方法；日本建築学会構造系論文集、第549号、pp.27-33、2001.11

10 気になったら思い切ってやってみる。
防水層の耐風研究が教えてくれたこと

▌ はじめに

　2001年の春のことです。スロバキアからバルトコ・ミカエル君という留学生が、われわれの研究室のメンバーに加わりました。故国の大学で屋根・防水工学を勉強したので、それを深めたいとの希望でした。当時は機械固定法による防水層施工が、本格化した時期でもあり、彼の勉強にもなるだろうと考え、これを対象とした研究を担当してもらうことにしました。

　この工法は写真1に示すようにあらかじめ固定金具を敷設しておき、その部分に防水層を接合する方法で、分り易く云うと防水層の釘固定工法であり、従来の防水施工法とは発想を全く異にするものです。これは多少下地が乱暴でも、問題なく防水施工ができるという圧倒的な利点があり、改修工事を中心に使用例が増えていました。ただこの工法は強風時に防水層に生じる吸い上げ力を、この固定部が一手に引き受けなければなりません。

写真1　防水層機械的固定工法における固定金具設置の例

そして金具自身は 6 ～ 8mm もある鉄くぎなので強度的には心配はありませんが、気になるのは下地スラブへの固定です。特に ALC を下地とする場合は、コンクリートに比べると脆弱であり、ALC 板から抜け出ることが懸念されました。

　そのため ALC を下地とした時の、機械的固定工法の接合問題を研究課題とすることにしました。下手な英語と日本語ちゃんぽんの、言語的には十分とはいえない指導体制でしたが、同君は金具と ALC 板との接合部の破壊メカニズムを明らかにし、それに対して安全な設計法を示し、さらに耐風性に優れる工法提案まで行ない、無事博士論文をまとめ上げてくれました。ちなみに同君は現在カナダ国立建築研究所で研究員として活躍中です。

▌防水層の耐風研究の本格化

　さてこのようなことで研究は一応の結末を迎えましたが、私としてはまだ気になることが残っていました。それは強風による被害のなかに写真2に見られるような、防水層が横にも引っ張られた形跡のあるものを見たからです。断っておきますが、機械的固定法では闇雲に金具を取り付けているのではありません。建築学会の「建築物荷重指針・同解説」[1] や建築基準法施行令に基づく告示[2] による計算を行い、本数と位置が決められ施工が

写真2　台風による防水層の破損

なされます。ただこの時の計算には、一般の屋根の風計算と同様に、防水層が鉛直上向きにだけ吸い上げられることだけしか想定されていません。一方実建物での防水層被害は、荷重が鉛直方向だけではなく、水平方向からも同時に作用していたことを想像させるものでした。現在の設計法では不十分なのではないはないか。

ことの重大さから判断して、この問題は研究室単独で手に負えるスケールの話ではないと直感しました。そのため建築学会の防水工事運営委員会の中に研究委員会を作っていただき、関係者総力で臨むことにしました。そして皆で散々議論しました。今までの設計の考え方では横に引っ張られる力が生じるはずはありません。ただ現実には横にも引っ張られたような痕跡があります。話は堂々巡りになってしまいました。これはウダウダ考えていても仕方がない。とにかく実験をして確かめてみよう！

▐ 実大試験体の風洞試験

さてこれをどうするかです。機械的固定工法防水層は、面全体の防水層の吸い上げ力を金具が担当するので、小さな部分だけを取り出して試験をしても全体のことはわかりません。最低でも数メートルのサイズは必要です。さらに実験技術として強風をどのようにして吹き付けるか？　実際の台風の襲来を待つか？多分それが一番良いのだと思いますが、いつ来るか定かではありません。

その時研究委員会メンバーの市川裕一さん（その後この課題で博士論文をまとめてくれました。）が、勤務先の風洞試験装置を使えるように努力してくれ、合わせて同僚の風工学の専門家である加藤信男さんにも、メンバーに加わっていただけるようにお願いしてくれました。これは本当にありがたいことでした。我々委員会メンバーは防水のプロですが、風のことに関しては素人だったからです。

そのようなことで、風洞の幅一杯いっぱいの、幅2.4m長さ5.5mの原寸大の塩ビシート機械固定防水層試験体を、風洞内部に設置し、風を吹かせ

ることにしました。写真3が試験中の防水層の状況です。風は手前から奥の方に向かって吹いて、防水層がきれいに膨れ上がっています。写真では固定部がアリ地獄のように凹んで見えますが、これは周りの防水層が風で持ち上げられているためです。ただこの結果を建築学会で発表したところ、風工学がご専門のある教授から、乱暴な実験でありスケールエフェクトを考慮した精緻な実験をしなければなりませんよ、との厳しい意見もいただきましたが、そしてそれはその通りでですが、とにかく実スケールの試験体で防水層がどうなるか見たいという、野次馬的興味には勝てませんでした。いずれにしても誘惑が先に立ってしまった実験でしたが、はじめて本当に吸い上げられている防水層を見て、全員感動してしまいました。

写真3　風洞実験による防水層の挙動
（防水層が上に吸い上げられている。）

▌ 建物屋上での防水層の観測にむけて

ただこれが実際の建物屋上で同じようなことが起きているのだろうか？いよいよ研究の本丸へ突入です。そのため測定に利用できそうな建物を探しましたが、実際の建物では屋上にいろいろな設備機器や雑物が取り付けられていることが多く、しかも測定のセンサー類を設置させてもらうこともお願いしなければならず、なかなか見つかりません。

こうなったら自分で観測に用いる建物を作るより仕方がない。仲間のゼネコンの方にお願いして見積もってもらったところ、ざっと300万円位とのことでした。そして研究室の財布を調べて見るとその位は準備できそうでした。（研究室では機械や実験装置の突然の故障に備えて、一定程度の研究資金をいつも常備しておく必要性を、長年の研究室運営で身に染み付いており、それが手つかずのまま残っていました。その代わりその後数年間の研究室は、窮乏生活を余儀なくされたのは言うまでもありません。）

　早速具体案の検討に入りました。まずどこに設置するかです。これは確実に台風の襲来を期待できるところということで、沖縄を候補としました。当時、別件で日本ウェザリングセンターの宮古島暴露試験場で暴露試験していましたので、特別にお願いして敷地の一部に実験建屋を建設させてもらうことにしました。

　そして問題の建屋ですが、これには風工学の専門家の意見を全面的に取り入れて、**写真4**に見られるような 6m × 6 m の正方形平面、高さは 3m のまるで豆腐を切ったようなのっぺりとした形状としました。これは専門家からの、できるだけシンプルな形状の方がその後の解析や風洞実験による検証等がしやすい、とのアドバイスによるものです。そして**写真5**のように、その屋根面に防水層を敷設しましたが、これには台風時防水層の挙動を調べるための、ひずみ計、風圧力や固定部に作用する力測定のためのロードセル（これは鉛直力だけでなく横力も同時の測定できる優れものです。）等が取り付けられました。そのため建物内部は**写真6**に見られるように、データ取り込みのための配線やチューブが張り巡らされ、足の踏み場もない位の雑然状態になってしまいました。

▌台風時の防水層の挙動の観測

　さて準備は整いました。後は台風を待つだけです。この測定で活躍をしてくれたのは宮内博之さん（当時東工大助手で、現在は建築研究所の上級研究員）です。肝心の私は、研究所で古参教授のひとりとして、日程の予定の

3m
6m
6m
北

写真4　建設した観測建物（この屋上に試験防水層を敷設）

写真5　屋上面の防水層
（観測のための機器類が取り付けられている。）

写真6　室内の状況

つかない出張が難しい立場となっており、研究室で地団太を踏むだけでした。なにせ現地に行ったら最後、台風の間ずっと現場に張り付いていなければならないのです。そしてその前後の数日間は飛行機が飛ばないのです。台風の度に合計6回の観測を行いましたが、いつも彼がリーダーとなって一切を取り仕切ってくれました。

　そしておあつらえ向きの台風が2009年8月6日〜7日に宮古島に襲来しました。そして台風の襲来の最初から最後までの観測に成功しました。この時の台風は、評価時間3秒間の最大瞬間風速は30.5m/sであり、超巨大台風というわけではありませんでしたが、我々の研究目的には十分かなう

ものでした。図1は特に風雨の強かった8月7日の真夜中0:05からの100秒間のデータです。

　確かに固定部には引っ張りの鉛直力が生じていました。この辺はほぼ予想どおりです。

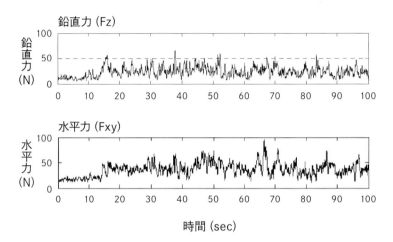

図1　測定された鉛直力と水平力の波形
（2009年8月7日0：05からの100秒間）

　そして問題の水平力です。データロガーにはっきりと横方向の力も記録されていました。やはり固定部には水平方向の力が作用している。ついに証拠を押さえました。そしてこれがどの位なのだろうか。そのためこの評価時間10分間における水平力と鉛直力の関係を調べたところ、図2に示すように何と両者はほぼ同じ位でした。

　話が入り組んで来たので、ここまでの現象を順序だてて説明すると以下の通りです。風が屋上面を走ることにより防水層は上に吸い上げられます。防水層は飛ばされまいとして、それに抵抗するため固定部には引っ張り力が生じます。ここまでは教科書どおりです。ただその時同時に横力も生じます。理由は図3に示すように、防水層は軟らかい材料であり、吸い上げ力により膨れ上がるからです。そして風の流れに従って、ふくれは風上から風下に向かって伝搬します。ふくれの高さが違う分だけ、防水層の横に

引っ張られる力の大きさが異なります。そしてその差の分だけ固定金具は
横力を負担させられるのです。

　良く考えてみれば当たり前です。ただ台風の時にわざわざ滑りやすく危
険な屋上に上がって、間近で防水層の挙動を克明に観察するひとはいなかっ
たので、この問題が顕在化しなかったのだろうと思います。

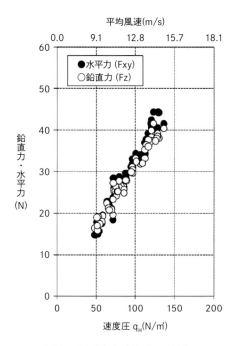

図2　鉛直力と水平力の比較

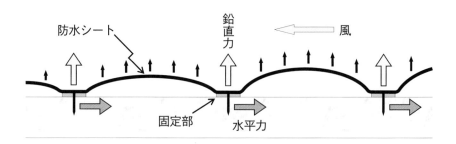

図3　強風時の防水層挙動の模式図

■ 気になったら思い切ってやってみる

　風が吹けば、それは風上から風下に伝搬するのだから横力が生じること
は、よく考えてみれば当たり前のことですが、防水層が吸い上げられて膨らむ
状態は測定されておらず、横にも引っ張られているとは想像もしていませんで
した。そしてこの観測で固定部には横力が生じることをデータで示すことがで
き、冒頭の写真の防水層が横方向に引き裂かれた被害にも得心できました。

　そしてこの研究が役に立ったかどうかですが、私が関与してきた研究の
中では珍しく役に立ちました。この研究が契機になって、日本建築学会発
行の「建築物荷重指針を活かす設計資料」[3] の中に、鉛直力と同時に横力も
考慮する必要性が記載されました。また防水層の機械固定工法は、コンク
リートや ALC スラブ以外にも、最近はデッキプレートのような比較的薄手
の鋼板を対象として使用されることが多くなってきており、その場合は固
定金具と下地鋼板との嵌合（かんごう）がポイントとなります。その時この
横力への抵抗性評価が安全性確保のカギとなります。そのようなことでこ
の研究は多方面に役立つものとなりました。

　この研究のターニングポイントは、実大試験体をいきなり精緻な実験行
う風洞に持ち込んで、防水層の挙動を見たドン・キホーテ的実験にあります。
「気になったら思い切ってやってみる。」この研究が教えてくれたことです。

　最後におまけですが、このプロジェクトをやって良かったと思うことも
うひとつ。実は宮古島での観測には、防水層の施工、計測装置の設置と調整、
台風時観測と、そのたびごとに相当数の方々の協力が必要でした。昼間は
宮古島の炎天下での過酷な作業ですが、夕方からは天国と化したようで、
いつも夕方5時過ぎになると私の携帯に電話が入り、耳を当てると三線や
お囃子のにぎやかな音と声高な話し声とが聞こえてきました。もう10年以
上も前の出来事ですが、当時のメンバーと再会のたびにすぐその話題にな
ります。全員が苦労しながらも、このプロジェクトを楽しんでくれました。
楽しみながらできた仕事はそうはありません。

参考文献とこれに関して発表した論文

1) 建築物荷重指針・同解説：日本建築学会、2015

2) 屋根ふき材及び屋外に面する帳壁の風圧に対する構造耐力上の安全性を確かめるための構造計算の基準を定める件：建設省告示第1458号、2000.5.31

3) 建築物荷重指針を活かす設計資料2 − 建築物の風応答・風荷重/CFD適用ガイド − 、日本建築学会、p.203、2017

4) バルトコ　ミハエル、田中享二、宮内博之：ALCパネルに施工する防水層機械固定工法におけるアンカー固定方法の提案；日本建築学会構造系論文報告集、第585号、pp. 15-21、2004

5) 市川裕一、バルトコ　ミハエル、加藤信男、宮内博之、佐々木孝基、田中享二：強風下における機械的固定工法による防水層の挙動の風洞実験による観察；日本建築学会構造系論文報告集、第593号、pp. 17-24、2005

6) バルトコ　ミハエル、宮内博之、田中享二：ALCを下地とする防水層機械固定工法の耐風性試験方法の開発；日本建築学会構造系論文報告集、第598号、pp. 7-12、2005

7) 宮内博之、加藤信男、市川祐一、佐々木孝基、田中享二：屋外環境下での風による機械的固定工法防水層の挙動の実測；日本建築学会構造系論文報告集、第610号、pp.29-34、2006.12

8) 市川祐一、加藤信男、宮内博之、佐々木孝基、田中享二：機械的固定工法による各種防水層の風洞実験；日本建築学会構造系論文報告集、第615号、pp.47-52, 2007.5

9) 宮内博之、加藤信男、市川祐一、田中享二：宮古島での台風時における機械的固定工法防水層の挙動の実測（その1　強風時における防水シートの挙動）；日本建築学会構造系論文報告集、第634号、pp.2077-2084 ,2008.12

10) 宮内博之、加藤信男、本田宏武、中村修治、田中享二：台風0908号における防水シートの挙動（宮古島での台風時における機械的固定工法防水層の挙動の実測　その2）日本建築学会構造系論文集、第656号、pp.1795-1802, 2010.10

他分野の専門家との共同研究は効率的
廃コンクリート微粉末の再資源化研究が教えてくれたこと

■ はじめに

　ある秋の昼下がりに、かつて私と一緒に研究をしてくれていた橋田浩さんから電話がかかってきました。彼は小池先生の定年退職を機にゼネコンの研究所に移籍していて(現在は中部大学教授)、当時は精力的にコンクリートの研究、特に解体建物から出る廃コンクリートの再利用の研究をしていました。ひとしきり昔話に花を咲かせた後、実は頼みがあるのですが、と切り出しました。

　話は、廃コンクリートから骨材を取り出すために加熱すりもみの技術を研究し、その取り出しに成功したが、同時にかなりの量の微粉末も出る。ついては大学でこれの活用を考えてほしい、そして実験には彼のもとから人も送り込むからということでした。現在のコンクリート製造に使われる骨材のかなりは砕石ですが、高度成長期より前に作られた建物では、良質な川砂利、川砂が使われていました。そのため、その頃作られた建物の骨材の品質は、すべからく優れて良いものばかりであり、貴重な資源です。

　幸い当時、研究所では他機関との共同研究も強く推奨されており、若干ですが研究費も補助してくれる制度がありました。何よりもついこの間まで苦楽を共にしてきた仲間でしたので、二つ返事で引き受けることにしました。さらにまた研究所の約1/3は我々建築系ですが、残りの2/3は無機材料系の教員から構成されており、無機系の先生の協力が得られれば何とかできるのではないか、とういうやや楽観的な見通しもありました。

　そしてゼネコン研究所から派遣されてきたのが竹本喜昭さんでした。実は彼も東工大建築学科材料講座出身のOBで、昔からの知り合いでもありま

した。そして研究所では無機材料化学がご専門の、榎本尚也先生と赤津隆先生に研究協力を頼み込みました。お二人とも昔からの親友で、しかもお酒という共通のキーワードもありました。さらに研究室からは修士課程学生の新島瞬君に担当をお願いしました。彼は、私の研究室としては珍しく無機材料を勉強してきた学生さんでした。これも幸運なことでした。ということできわめて仲良しクラブ的ですが、研究チームが出来上がりました。だからこれからお話しする研究は、私は大した働きはせず、もっぱら竹本さんを中心とした榎本、赤津両先生、そして新島瞬君のがんばりによりできた仕事です。

▌廃コンクリート微粉末から炭酸カルシウムを取り出す

廃コンクリートから出てくる微粉末は主にセメントペースト部分が粉になったものです。ですからこの粉を原材料として、何か役に立つ材料を作ろうということになりました。まずは成分を調べました。すりもみ過程ではペースト以外に骨材部分も削り取られるため、その影響を見ておく必要があるからです。表1が成分表です。カルシウムとシリカが主体でしたが、やはり骨材由来のケイ素成分が倍以上と多くなっていました。そして榎本、赤津両先生のアドバイスをもとに、廃コンクリート微粉末を酸に溶解させ、最終的にカルシウムに二酸化炭素を固定化させて炭酸カルシウムを取り出そうという方針が立てられました。

表1　ポルトランドセメントと廃コンクリート微粉末の内訳 (mass%)

種類	SiO_2	Al_2O_3	Fe_2O_3	CaO	MgO	SO_3	Cl	Na_2Oeq
ポルトランドセメント	21.2	5.2	2.8	64.2	1.5	2.0	0.005	0.63
廃コンクリート微粉末	50.8	10.1	2.7	23.5	1.3	0.8	0.015	1.94

もちろん研究は、一筋縄では行かず苦労しましたが、最終的に図1に示すようなプロセスで炭酸化カルシムの取り出しに成功しました。ちなみに最も効率よく取り出せるのは、濃度4Nか6Nの塩酸50mlに対して廃コンクリート微粉末5.0g〜7.5g程度であることもわかりました。

図1　新品の塩酸を用いた廃コンクリート微粉末の素材分離プロセス

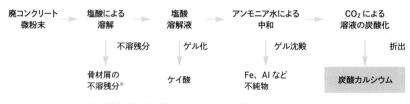

廃塩酸と廃コンクリートから炭酸カルシウムを作る

　何とか炭酸カルシウムを取り出すことができ、行き場のなかった廃コンクリート微粉末の利用が可能になりました。とりあえずここまでで橋田さんからの依頼に応えることはできましたが、研究としては何となく面白味が感じられませんでした。結果は予定調和的で、それはあたりまえでしょうという感じなのです。

　せっかくアルカリ性をもつ廃コンクリートを使うのだから、その相棒も廃棄物を使ってはどうかという話が、研究会の後の飲み会の時に出てきました。そもそもこの研究グループは、半分飲み会が目的に出来上がったところもありましたから、その席は談論風発で盛り上がります。そして酔った勢いもあり、やろうということになりました。

　実は私の研究室でもコンクリート実験に使った後の洗い水は、そのまま排水系に流せないので、一時的にピットに蓄えておいて、酸で中和してから流すようにしていました。だから酸も行き場のない廃酸を使えば、「廃棄物×廃棄物＝役に立つ材料」という図式が出来上がるのではないか、乱暴ですがそう考えたのです。

幸い身近なところに、出所のはっきりしている廃塩酸がありました。そ
れは屋外に放置されていた鋼材のさび除去に使用されたものでした。ただ
廃酸なので中身を調べる必要があります。表2に分析結果を示しますが、
塩酸以外にもヘキサメチレンテトラミンが含まれており、さらに鋼材由来
と思われる鉄分も微量、含まれていました。

　最終的に研究会で作り上げたプロセスを図2に示します。これで何とか
炭酸カルシウムを作り上げることが出来ることになりました。ただ炭酸カ
ルシウムを取り出した後に残る溶液は塩化アンモニウムで毒性をもつため、
これをいきなり排水系に流すことはできません。そのため研究会では、環
境負担を軽減するための更なる検討が進められました。基本は各段階での
中和のために用いるアンモニア水や炭酸アンモニア水溶液を、ナトリウム
ベースとする水溶液に置換するでした。このようにして環境のことにも配
慮して完成させた改良プロセスを図3に示します。炭酸カルシウムを取っ
た後の残りの溶液は塩化ナトリウム、要すればお塩なので安全です。

表2　廃塩酸の分析値

酸濃度	pH	溶解鉄分量	ヘキサメチレンテトラミン
5.08mol/ℓ	0.01 以下	1.7g/ℓ	3.5g/ℓ

図2　廃コンクリート微粉末と廃塩酸からの素材分離プロセス

図3　廃コンクリート微粉末と廃塩酸からの改良素材分離プロセス

そしてこのプロセスで得られた炭酸カルシウムは、表3に示すように95.6%はカルシウムでしたが、若干それ以外のものも含まれていました。結晶は写真1に示すような細長い米粒状で、炭酸カルシウムの安定相であるカルサイトと思われました。またいろいろ廃塩酸と廃コンクリート簿粉末の混合割合を変えた実験により、カルシウムの回収は廃塩酸50mlに対して、廃コンクリート微粉末10gの組み合わせが適当であることもわかりました。

表3　廃コンクリート微粉末と廃塩酸からとり出した炭酸カルシウムの分析値 (mass%)

CaO	Fe$_2$O$_3$	MgO	Na$_2$O
95.6	1.1	2.0	1.3

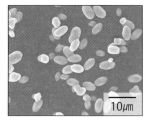
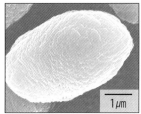

写真1　廃コンクリート微粉末と廃塩酸から得られた
炭酸カルシウムの電子顕微鏡写真

▊ 廃硫酸と廃コンクリートから石こう作る

　とりあえず廃塩酸でできたので、もしかしたら他の酸でもできるのではないかとさらに頑張ることにしました。さっそく竹本さんが、その存在を硫酸工業会まで行って詳細を調べてくれました。実は国内で生産されている酸の中で、最も多いのは実は硫酸なのだそうです。主に肥料や薬品製造、化学繊維製造に利用されていますが、金属加工のなどの洗浄用としても利用されており、それらから出る廃硫酸は一部再利用されているものの、中和処理され廃棄される量は膨大であるとのことでした。この廃硫酸も同様に廃コンクリート微粉末処理に利用できれば、工業活動において排出される廃酸の処理可能範囲が広がり、環境負荷低減の観点からも望ましいので

はないか、というやや我田引水的な理由もつけて、悪乗りの感もありましたが、やってみることにした。

　プロセスは簡単で、廃硫酸と廃コンクリート微粉末を混ぜるだけです。そして今回使用する廃硫酸には、金属メッキの前処理に使った廃液をもらってきました。これには硫酸約50%とリン酸10%程度さらに微量の界面活性剤が添加されているものですが、念のため中身を調べてみました。結果を表4に示しますがやはり硫黄が圧倒的に多く、その他リン、鉄も少量ですが含まれていました。

　次にこれをどの位の濃度で廃セメント微粉末と混ぜるかですが、事前に新品の硫酸を使って予備的な検討を行い、0.05mol/ℓ位が適当であることを見いだしていたので、濃度を0.025〜0.2mol/ℓの範囲で実験を行いました。結果を図4に示しますが、0.075mol/ℓの時が焼石こうの収率10mas%と比較的良いことが分かりました。pH値も6.3となり、さらに鉄分除去作業を行えば環境省の定める排水基準（pH5.8以上、8.6以下、リン16ppm及び溶解性鉄10ppm）もほぼクリヤーします。ちなみに写真2は取り出した石こうです。

表4　廃硫酸の分析値（g/ℓ）

S	P	Fe	Na
29.0	9.7	5.8	0.01

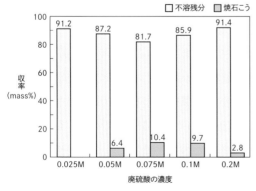

図4　廃硫酸の濃度と石こう収率との関係

写真2
廃コンクリート微粉末と
廃硫酸から得られた
石こうの電子顕微鏡写真

一応ここまでで石こうを取り出すことは出来るようになりましたが、さらに欲を出して、収率をもっと上げることが出来ないか、もうひと頑張りしてみました。プロセスは図5に示すように、1回目の操作で残った不要残分に、さらに新たな廃硫酸を投入して焼石こうを取り出すという方法です。そしてそれを繰り返したのです。その結果は図6に示すように、さらに収率を上げることが出来、1回目と2回目の合計が22.0mass%と向上させることが出来たました。さらにもう一押しということで繰り返しましたが、もう収率は向上せず横ばいでした。ただこうすることにより、使用する廃酸の量も増えるので当然pH値も下がり、排水は強い酸性になってしまいます。このような結果を見ると、無理をして収率を上げた方が良いのか、1回で止めて排水系に流出させる溶液のpH値を基準内に収めておく方の、どちらが良いのかは微妙です。個人的には無理をしない方が良いように思います。

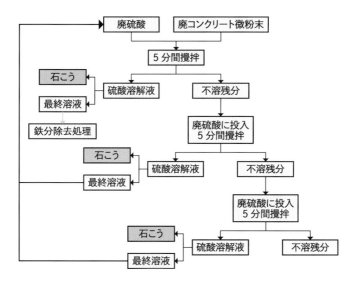

図5　廃硫酸を用いた廃コンクリート微粉末の繰返し処理プロセス

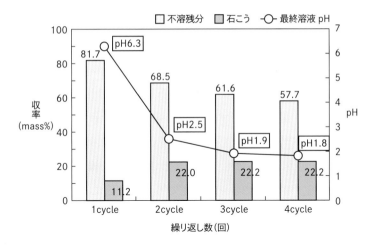

図6　繰返し操作による石こう収率と最終溶液のpH値

▌研究に便乗して温泉にゆく

　ところでこの研究にかこつけて楽しいこともありました。建築学会の大会が仙台で開催されたことがあります。東北は蔵王温泉をはじめとして酸性の温泉が多いのですが、なかでも強力な酸性で有名なところがあります。秋田県の玉川温泉＊です。当時は酸性の廃液を探し求めていたので、温泉水も一応検討の対象になっていました。ということで竹本さんと新島君と３人で探訪しました。これにはもうひとつ理由がありました。この温泉水は渋黒川という川に流れ込むのですが、酸性なのでこれを中和する必要があります。そのため途中に石灰石を通して中和する処理する玉川酸性水中和処理施設が作られており、ここもぜひ見学したいと思っていました。**写真３**は施設内の温泉水を中和するための中和反応槽です。

　温泉はさすがに強烈でした。酸性の熱水（pH1.2、温度98℃、約8400ℓ/分）が**写真４**に示すように地中から湧き出しているのです。水蒸気と熱のために写真を写すのも苦労する位です。温泉はこれを**写真５**に示すように湯畑で冷やし、さらに薄めて入浴するのですが、その薄める濃度によって浴槽が酸性度の弱いものから強いものまで３段階に分かれていたのには、ビッ

クリでした。もちろん弱い方に入りましたが、それでも肌がヒリヒリする感じでした。帰りの車のなかで、我が国にはアルカリ性の温泉もあるので、酸性温泉水とアルカリ温泉水を混ぜたらどうなるのかと、能天気なこと話しながらの楽しい一日でした。

◁写真3
温泉水を中和するための
反応槽

写真4▷
温泉水の噴出

◁写真5
湯畑

▌他分野の専門家との共同研究は効率的

　処理に困っていたもの同士を組み合わせることにより、役に立つ材料を作り出すことが出来るようになったので、この研究もここまでとしました。ところでこの研究が役に立ったかどうかですが、廃コンクリート、廃酸という、行き場のないもの同士から、炭酸カルシウムと石こうを作りだすプロセスはオリジナルであり、幸い特許として認められました。ただ苦心して取り出した物質は、材料としては極めて安価です。ですから商業的にはまったく採算が合わないということで、本当に実務面で役に立つかどうかは疑問です。取り出したものが高価なものであったらとつくづく思いますが、それは仕方がありません。

　このようにやや不純な動機を含みながら始められた研究でしたが、他分野の専門家との共同研究は圧倒的に展開が速く、しかも効率的に仕事を進めることができました。そして中心となってがんばってくれた竹本さんには、研究の途中で私どもの大学の社会人博士コースに入学してもらいましたが、博士課程はふつう3年間かかるところ、どんどん研究が進み2年間という最短期間での学位取得が可能になりました。（私は定年で最後まで面倒をみることはできませんでしたが、林静雄先生が後の指導を引き継いでくださって、無事終了させることができました。これには林先生のお骨折りも大きかったものと、今でも感謝しています。）

　それまではほとんど素人に近い学生さんと一緒に、ゼロから立ち上げるような研究ばかりしていたので、しょっちゅう壁にぶつかり、もたもたして学生さんによっては博士課程4年在籍という例もありました。だから私にとって2年は驚きであり、プロが集まって仕事をするとはこういうことと、そのパワーをしみじみと実感しました。

　ここからは本当に付けたしですが、強く印象に残っているので書くことにします。この研究会の最終回を、私の定年直前の2011年3月11日の15:00からを予定していました。最終なので、当然終わった後飲もうという

魂胆です。時間が近づき竹本さんが研究会の資料の準備を始めてくれていた、その時です。突然建物が揺れ始めました。強い揺れでした。しかも揺れがいつまでも続きます。これは大地震だと直感しました。北海道大学の学生時代に経験した 1968 年の巨大地震、十勝沖地震のことを思い出したからです。すぐに別棟にあった実験室に行き安全確認を行い、その足で事務室に廻り、テレビで現地中継を見させてもらいました。そこには津波に飲まれつつある町がありました。

写真 6　地震直後の私の机

　もちろん私の研究室も被害を受けました。写真 6 は揺れが収まった直後の私の机です。本は書棚から飛び出し、パソコンのモニターは横を向き、机の書類は飛び散る、でした。そうこうしているうちに、福岡から榎本さんがやっと研究室に到着してくれました。もしかしたら途中で動けなくなっているのではないかと、皆で心配していましたが、電車は大学近くの駅で止まってしまったものの、何とか来ることができたということでした。落ち着かない気持ちのなかでの研究会でしたが、無事終了しました。

　これで研究会は完全に解散です。その後は研究打ち上げ会の予定で、近くのお店を予約していました。当然無理です。仕方がないので私の部屋でということになり、冷蔵庫に残っていたビールやウィスキーを取り出しまし

た。丁度準備を始めた頃、事務室から帰宅困難者のために大学で保有して
いる非常食を供出する、との連絡がありました。また研究室には私共の学
生さん以外にも、他の研究室の学生さんも集まって来ていました。私も含
め、皆ひとりでは不安なのです。非常食は率直に言って決して美味しいも
のではありませんでしたが、それしかないので皆で感謝しながらいただき
ました。東北大震災当日の研究室の夜の風景です。

＊玉川温泉は湯治場として有名です。温泉水は強い酸性 (pH1.1) です。そして1940
　年に発電所建設と農業振興を目的に、この水を田沢湖に引き入れました。その結果
　水質が酸性化し、水力発電所施設の劣化と農業用水酸性化が問題化し、その是正の
　ため1972年に石灰石を使った、玉川酸性水中和処理施設が作られました。

これに関して発表した論文

1) 竹本喜昭、新島瞬、榎本尚也、赤津隆、橋田浩、田中享二:骨材除去後の廃コンクリー
　ト部粉末と鋼材錆び除去後の廃塩酸からの素材分離；日本建築学会構造系論文集、
　第75巻、第647号、pp.1-6, 2010

2) 竹本喜昭、新島　瞬、榎本尚也、赤津　隆、橋田　浩、田中享二：廃硫酸による廃
　コンクリート微粉末の処理プロセスの開発：日本建築学会構造系論文集、第75巻、
　第656号、pp.1755-1763, 2010

3) 竹本喜昭、榎本尚也、赤津　隆、橋田　浩、林　静雄、田中享二：超音波振動を用い
　た再生細骨材製造プロセス；日本建築学会構造系論文集、第77巻、第677号, 2012

大学での研究はラグビーに似ている。
大学での研究が教えてくれたこと

▌ はじめに

　もとからラグビーファンというわけではありませんでした。それがたまたま明治大学の建築学科を卒業した今富麻弥さんが、我々のチームにメンバーとして加わってくれました。彼女は高校生時代水泳をやっていたスポーツウーマンでした。そしてその年の冬近くの頃、「先生、ラグビーは好きですか？」と私に聞いてきました。伝統の明早戦のチケット（一般には早明戦と呼ばれることが多いかもしれませんが、明大関係者は必ず明早戦と呼びます。）を取ってあげますと云うのです。

　ラクビーに関しての知識はありませんでしたが、ラグビー明早戦は野球の早慶戦と並び称される有名な対校戦である程度のことは以前から知っており、ラグビーというよりは「伝統戦」であるという言葉にひかれて、さらにミーハー的気分もあり、ぜひとお願いし貴重なチケットを入手することができました。

▌ 前の国立競技場

　その日の神宮の森は、初冬であったせいもあり人影はまばらでした。しかし国立競技場に近づくにつれ人の数が急増し、ゲートのあたりは大混雑でした。もちろん国立競技場内に入ったのは初めてです。テレビ等では何度も見ていましたが、入ってみてフィールドの広さと開放感には度肝を抜かれました。入口からやや薄暗い通路を通ってグランドに入ると風景が一転したのです。すでにスタンドは両校の応援者がいっぱいで、伝統の一戦特有の熱気が漂っています。（**写真１**）異次元に入り込んだようで、私も一

写真1　昔の国立競技場でのラグビー‐・明早戦（2012.12.6）

気にラグビーモードになりました。

　もうひとつ嬉しいことがありました。昭和39年のオリンピック時の聖火台が残っていて、遠目ではありましたが、それを直接見ることが出来たのです。私の世代の者にとっては、前回の東京オリンピックは特別の存在です。それは単なるスポーツイベントではなく、戦後日本がここまで復興したということを、世界に示す国家的イベントでもありました。新幹線が走り、高速道路が整備され、もちろん建築でも丹下健三の代々木の体育館等、数え上げればきりがありません。その総仕上げがオリンピックでした。そしてこの国立競技場では10月10日、最終ランナーの坂井義則さんが急勾配の階段を一気に駆け上り、紺碧の空の下聖火台の前で一度トーチを高々と掲げ、そして点火したのです。すべての日本人が待ち望んだ一瞬でした。その本物を見ることができたのです。

▍ラグビーの試合

　いよいよ試合が始まりました。ラグビーの細かいルールは知りませんが、手でボールを前にパスしてはいけないこと位は知っています。ボールを持った人は、敵ゴール目がけて全力で走り、相手に捕まりそうと思った瞬間に

パスを出す。その時は必ず横か後方にいる仲間に渡さなければなりません。ラグビーのなかで最も大事なルールです。そのためには当然他の選手も同時に走っていなければなりません。テレビではボールを持っている選手ばかりがクローズアップされてわかりにくいですが、競技場では全体が見えるので、というよりは全体しか見えないので、ボールをもった選手が横後方にパスをする様子がよくわかるのです。そして順送りでパスを繰り返し、最後にボールを受け取った選手が敵陣に飛び込み、地面に着けるのです。トライです。

　ボールは横か後方にしかパスされていないのに係わらず、ボールは敵陣まで運び込まれます。ちょっと不思議に思えますが、これは全員が前方に全速力で走っているからです。そしてボールをもっている選手は、仲間が必ずその位置にいるはずだとの確信だけでパスを出しているようにも見えます。（**写真2**）さらに順送りでボールを回せるのは、実は選手たちによるフォーメーションがきれいにできているからです。パスが繰り返されて、最後の選手が全力で走り切り、敵陣にトライする光景は実に気持ちが良いものです。熱気あふれるスタジアムの中に涼風が吹いたような快感を覚えます。

写真2　仲間へのパス（関東オールスターゲーム、秩父宮ラクビー場　2022.7.3）

▌大学の研究はラグビーに似ている

　そして突然この光景は、研究室での学生の研究指導にも似ているようにも感じました。研究室にはいつも同じ人数がいるとは限りませんが、それでも 10 人程度のメンバーがいます。そしてひとりひとりが自分の研究課題をもち研究を進めています。

　ただ研究は一人ではできません。状況に応じて他の人と協業が必要になります。だから見かけ上、ひとりで研究をしていうように見えても、実は研究室全体が動いています。そして学生さんごとに、目には見えないフォーメーションが作られ、パスが繰り返されています。このようにボールを回しながら研究を前に進め、最後に担当学生がトライを決める。卒研生は卒研生の位置、修士課程の学生は修士の位置、博士課程の学生は博士にふさわしい位置で走っています。もちろん課題ごとにフォーメーションは変わります。研究室で 10 個課題があったら、10 の目に見えないフォーメーションが作られているのです。

　4 年の学生さんは研究の素人なので、最初はきめ細かな指導は必要ですが、だんだん走力がつき、ひとりで走ることが出来るようになります。そして最後にトライを決めてくれます。ただ学生さんの走力には個人差があり、出来る学生さんは、かなり早い時期にフォーメーションから抜け出し、ぐんぐん速度を上げて独走してトライを決めてくれます。修士課程の学生さん位からは、走る速度が速すぎて、指導教員である私よりはるかに先に行く学生さんも出てきます。むしろ私の方が追いつくのに苦労します。博士課程になると完全に私が後方に取り残されます。独走態勢に入った学生さんの疾走は本当に早いです。実感です。

　ただ全員がそうだという訳ではありません。なかなか走力の付かない学生さんも中にはいます。本人の実力や研究に対するモチベーションが低いことも原因ですが、運悪く研究課題が合わない、あるいは難しすぎることもあります。研究室の研究は、答えがあるのかどうかわからないことを課題とするので、当然そのようなことは起こりえます。さらに今の学生さん

は、就職活動等に時間をとられ、自分の研究に集中できる時間がそもそも少なくなっています。いろいろな事情が重なり走るのが遅くなり、立ち止まってしまう学生さんもいます。ひとりで相手ゴールまで走り切れないと判断された時は、研究室全員で担当学生を中心にスクラムを組み、ボールを力ずくで敵陣に押し込みます。（**写真3**）ただその時大事なことがひとつだけあります。必ず最後のトライは担当の学生さんにさせることです。

　このような思いで試合を見ていると、次第にフィールドにいる選手が研究室学生と重なりあってきます。そして○○君もっと頑張れとか、○○君無理をせずパスを横へ出せとか、力が入ってきます。研究室にいるのかラグビー場にいるのか、分からなくなってきます。

写真3　スクラムを組んでの押し合い

　その日の試合は、残念なことに僅差で明治大学は早稲田大学に負けてしまいました。周りの明治大学応援団といっしょに落胆したのは言うまでもありません。その後もひとりで数回ラグビーを見に行きましたが、いつも席は明治大学側と決めています。

あ と が き

　正直にいうと、研究が教えてくれたことは、たくさんの学生さんや仲間との泣き笑いの結果です。ですから係わりのあったすべての方々のおかげです。そのため全員の研究を書きたかったのですが、その中から限られた話題しか取り上げることができませんでした。そのため、当時の学生さんや共同研究者を匿名にしようかと考えましたが、実名の方が話にリアリティが出ると考えて、そうさせてもらいました。この本で紹介できなかった多くのOBやOGの方には申し訳なく思います。

　このように研究を読み物風にまとめてみると、月並みですが研究だけでなく、生きていくうえで大事なこともたくさん学びました。研究といえども人生の営みの一部なので当然なのかもしれません。そういう意味では本当に多く人にお世話になったと思います。心よりお礼申し上げます。

　実はこのような話をまとめるようになったのは、日本建材試験センターの「建材情報」誌の編集委員会から、6回程度原稿を書いてほしいとの依頼がきっかけでした。書き始めると次々と昔の光景が目に浮かび、結局12話になってしまいました。丁度1ダースになったので、冊子にまとめようと思いました。ありがたいことに編集委員会も本にすることを許可してくれました。

　最後に本書を作り上げるためには、三原徹氏、平睦氏に大変お世話になりました。私は本作りの現場のことに疎く、単純に原稿さえまとめれば数週間で出来上がると安易に考えていて、昨年の暮れ近い頃、突然本作りをお願いしました。それは無理と言われましたが、正月返上で頑張っていただき、なんとか完成までこぎつけてくれました。ありがとうございました。

田中　享二

建築防水の研究が教えてくれたこと

著　者　田中　享二

発　行　令和5年1月31日　第1版第1刷

発行者　三原　徹

発行所　株式会社テツアドー出版
　　　　東京都中野区新井1－34－14
　　　　電話：03-3228-3401

ISBN978-4-903476-79-7